O Despertar de uma Nova Era

(Publicado anteriormente sob o título *A Era do Espírito*)
(Revisada e ampliada pelo autor)

– Luiz Sérgio –

Psicografado por: Elsa Candida Ferreira

O Despertar de uma Nova Era

(Publicado anteriormente sob o título *A Era do Espírito*)
(Revisado e ampliado pelo autor)

© 2011, Madras Editora Ltda.

Editor:
Wagner Veneziani Costa

Produção e Capa:
Equipe Técnica Madras

Revisão:
Arlete Genari

Dados Internacionais de Catalogação na Publicação (CIP)
(Câmara Brasileira do Livro, SP, Brasil)

Sérgio, Luiz (Espírito). O despertar de uma Nova Era / Luiz Sérgio ; psicografado por Elsa Candida Ferreira. -- 1. ed. -- São Paulo : Madras, 2011. "(Publicado anteriormente sob o título: A Era do Espírito" -- revisada e ampliada.)

ISBN 978-85-370-0693-1

1. Espiritismo 2. Psicografia 3. Romance brasileiro
I. Ferreira, Elsa Candida. II. Título.

11-06227 CDD-133.93

Índices para catálogo sistemático:
1. Romances mediúnicos psicografados : Espiritismo 133.93

É proibida a reprodução total ou parcial desta obra, de qualquer forma ou por qualquer meio eletrônico, mecânico, inclusive por meio de processos xerográficos, incluindo ainda o uso da internet, sem a permissão expressa da Madras Editora, na pessoa de seu editor (Lei nº 9.610, de 19.2.98).

Todos os direitos desta edição revervada pela

MADRAS EDITORA LTDA.
Rua Paulo Gonçalves, 88 — Santana
CEP: 02403-020 — São Paulo/SP
Caixa Postal: 12183 — CEP: 02013-970
Tel.: (11) 2281-5555 — Fax: (11) 2959-3090
www.madras.com.br

Índice

O Despertar de uma Nova Era 7
O futuro se aproxima 9
Um raio de sol em nossas vidas 27
A força destrutiva do ódio 49
Propostas de paz 69
Reciprocidade 87
Ave, Maria! 103
A força construtiva do amor 119
Ainda resta a esperança! 131
Considerações 151

O Despertar de uma Nova Era

Consideramos que a humanidade terrena percorreu, em milhões de anos, uma jornada de evolução física e espiritual cuja culminância não nos é possível perceber quando será atingida. Sabemos, entretanto, do esforço concentrado dos Mentores Siderais que laboram no terreno das almas humanas, poucas vezes fértil e a maior parte do tempo endurecido e áspero.

Desde épocas primitivas, quando o pensamento humano ensaiava passos tímidos na fase contínua, até os momentos atuais dos mais notáveis progressos no campo da ciência e da tecnologia, somos tutelados por Mensageiros do Bem, que nos impulsionam para um nível de consciência mais lúcido e dinâmico.

Toda a vida é dinamismo e fonte geradora de energia que enobrece e faz crescer. Essa propulsão para o Alto, para o que é nobre e belo, é uma semente preciosa que o Criador fez germinar no íntimo das criaturas. Somos destinados à honrosa condição de espíritos puros, destituídos de qualquer sombra e de toda mácula.

O percurso feito, de forma peculiar a cada indivíduo, estabelece para cada geração de almas terrenas um nível diferente no contexto social, econômico e espiritual. Essa heterogeneidade pode ocasionar conflitos, cobranças e, por inúmeras vezes, agressivas reações.

O mesmo dinamismo que leva ao progresso, posicionado-se na direção errada pode e tem provocado os mais sanguinários confrontos. Os continentes de nosso planeta gemem e se contorcem sob violentas convulsões, quais vulcões em contínua erupção, lançando, do ventre da terra, fogo e lava incandescente. A alma humana, abençoada pelo livre-arbítrio, busca o seu caminho regenerador e tem de lançar para fora de si os germes da imperfeição, por meio de dores reajustadoras.

Embora longo o caminho percorrido, extenso é ainda o que tem pela frente na construção da sabedoria pessoal que a conduzirá, no futuro, ao convívio com os anjos e arcanjos, abençoados mensageiros dos céus.

Desponta para todos nós – encarnados e desencarnados presos à esfera de ação do planeta Terra –, uma oportunidade de reconstrução sobre os escombros destruidores do passado. Veremos o extermínio dos preconceitos infundados e a implantação de uma época voltada para o conhecimento da essência espiritual, comum a todas as criaturas que tiveram sua origem no pensamento grandioso do mesmo Criador.

Quando se estabelecer no mundo aquela ordem social prevista por Jesus, que anuncia o amor e a fraternidade entre povos e nações, então a Era do Espírito estará se concretizando entre nós, criando raízes e se aprofundando num terreno mais fértil e generoso, que prioriza a essência das coisas e menospreza as aparências.

Então, e só então, alargaremos os nossos passos rumo à perfeição.

Luiz Sérgio

O futuro se aproxima

"Estamos anunciando que vocês precisam deixar esses ídolos vazios e se converter ao Deus vivo, que fez o céu, a terra, o mar e tudo o que neles existe" (Atos dos Apóstolos, 14:15).

Paulo falava, outrora, aos pagãos adoradores de ídolos de pedra, estáticos e sem vida, convidando todos a uma reforma pessoal, a uma mudança radical de valores e redirecionamento de suas vidas no sentido do entendimento mais perfeito da natureza divina.

Na atualidade, os ídolos podem ter outra feição, mas não deixam de existir. Entre eles relacionamos a violência extrema, a busca desenfreada dos prazeres do corpo, a intolerância nos campos político, religioso, racial e social. Em vinte séculos as coisas não mudaram tanto quanto deveriam. Missionários vieram, conviveram conosco e deixaram registradas, no éter cósmico, mensagens estimuladoras de fé e coragem.

Modelos sempre tivemos para seguir. Os maus exemplificadores também se fizeram presentes; coube ao nosso discernimento escolher os próprios líderes. Escolhas enganosas ficaram por conta da despreocupação, da negligência ou, em casos mais tristes, de uma pérfida má-fé.

O ser humano faz opções de acordo com referenciais internos e pela força da sintonia que aproxima os semelhantes e repele os que se antagonizam. Assim é explicada a situação curiosa de pessoas de bem convivendo com seres de mau caráter sem se contaminarem, porque no íntimo repudiam o comportamento deles. Indivíduos de tendências ruins podem não se curvar aos bons exemplos, preferindo agrupar-se com seres de vibrações semelhantes que acabam por reforçar seus propósitos indignos.

Quebrar esses vínculos é tarefa de regeneração e envolve um processo educacional muito forte e articulado, abrangendo o ser em suas múltiplas dimensões: física, psicológica, intelectual e espiritual.

Sentimos que a galera espírita ainda não compreendeu a amplitude do termo regeneração. Quando os espíritos acenam com a transição do planeta para a fase regenerativa, não estão acenando com a santidade de seus moradores. O processo evolutivo da Terra caminhará, passo a passo, com o esforço de moralização de seus habitantes.

Ainda teremos que trabalhar no solo árido das almas em desequilíbrio, atuando, ora como médicos e enfermeiros, ora como abnegados professores, contribuindo para abrandar as vibrações mais pesadas no planeta que não deverá abrigar espíritos deliberadamente voltados para o mal.

Segundo o mestre Kardec, espíritos imperfeitos praticam o mal por prazer, são frios, insensíveis, ainda não fizeram desabrochar sentimentos humanitários. Esses rebeldes seguirão outros caminhos amparados pela benevolência de Deus. Haverá uma transmigração de almas para outras esferas, visto que no espaço infinito há infinitas moradas, cada qual com uma vibração característica, abrigando almas ligadas por estreita afinidade vibratória.

O nosso mundo, liberado da ação maléfica dos avessos ao progresso, deverá reestruturar-se em bases mais pacíficas e construtivas. Acontecerá um intenso trabalho de aprimoramento individual e social, porque a coletividade que aqui permanecer ainda não será perfeita, nem o planeta poderá ser catalogado como um mundo feliz. A felicidade será construída num dia a dia trabalhoso, porém menos doloroso, livre dos tropeços que os maus impõem aos passos dos bons.

Reconstruiremos nosso equilíbrio interior perto de seres mais harmonizados, sendo que os fracos serão amparados pelos mais fortes; os ignorantes terão as mentes esclarecidas; os que duvidam encontrarão os alicerces da confiança em dirigentes mais humanitários, preocupados com o bem comum. A saúde será aprimorada com a descoberta de medicações salutares, que não comprometam a organização física com agressões colaterais. Uma alma mais saudável, indubitavelmente, habitará corpos mais harmônicos e equilibrados. Renasceremos das cinzas de nossas culpas já expurgadas, para inaugurar na Terra o reino proposto por Jesus: reino de paz e amor, de ciência, justiça e sabedoria. Caminharemos por uma vereda reta e construiremos uma realidade mais justa e feliz, para nós e nossos descendentes.

***

Com essa mensagem de esperança, retornamos aos leitores com mais uma obra literária. Nela retratamos o perfil de nossa sociedade com suas imperfeições e virtudes, como sempre temos feito. Relatamos histórias interessantes, como a de nossa personagem Ofélia, que vivia, na imaturidade dos 15 anos, mergulhada num mundo de sonhos e fantasias.

Sonhar é próprio da fase juvenil e felizes são os jovens capazes de idealizar, nesse período, um futuro tranquilo para si. Construir castelos de areia, no plano mental, é natural para os seres que estão crescendo e procurando um lugar estável no mundo dos adultos. A juventude é um campo fértil para os devaneios amorosos, para as conquistas profissionais e o engajamento no mercado de trabalho.

Se essa parcela preciosa da população receber das autoridades governamentais a atenção devida, o futuro do país estará em mãos mais equilibradas e em cabeças que pensam com sabedoria. A ação espiritual encontrará oportunas maneiras de fazer sentir sua benéfica influência; o intercâmbio entre as duas esferas reforçará o lado positivo dos seres humanos, capazes de formar um conjunto mais harmonioso; os jovens encontrarão modelos mais sadios mentalmente.

Ofélia preparava-se para ingressar num curso de nível médio. Filha de pais abastados, não teve dificuldades nos primeiros anos de escolaridade. Família estruturada sob rígidos padrões sociais, até o nome (Ofélia), que homenageia a falecida avó, evidencia o apelo à tradição; nome que a adolescente deveria honrar acima de qualquer circunstância. Às vezes pesava-lhe essa responsabilidade, principalmente quando ouvia a "bronca" do pai:

> – Ofélia, veja bem o que está fazendo por aí; respeite a tradição de nossa família e o nome venerável que lhe demos. Quando tiver de tomar uma decisão, pergunte a si mesma se sua avó agiria dessa ou daquela maneira.
>
> – Papai, eu não sou vovó, nem ela vive na minha época. Como posso pensar e agir igual a ela? – respondia a garota, aborrecida.

Tais colóquios sempre terminavam em discussão. Nestor, o pai, desconhecia princípios rudimentares de psicologia, ou melhor, desconsiderava qualquer opinião contrária à sua. Ele olhava a filha como uma extensão familiar, não via naquela figura frágil e gentil um ser individual, independente, portador de bagagem emocional e espiritual própria.

> – Estou achando que ele não enxerga a filha – ponderou Samita, que nos acompanhava nesta narração.

Concordamos com a intervenção oportuna da amiga. Desejar que um filho seja réplica de um ascendente, seja ele pai, mãe ou avós, é desconsiderar as mais simples lições de psicologia, ciência que evidencia as particularidades individuais das criaturas. O diálogo com Samita prosseguiu em tom amigável.

> – O bom exemplo, Luiz, deve ser seguido na medida justa da identificação das duas pessoas, você não acha?
>
> – Concordo, amiga, modelos não se impõem pela força bruta nem pela exibição das qualidades pessoais. A coisa funciona na base da espontaneidade, pela assimilação afetuosa dos valores que o outro deixa sobressair. Se fosse possível introduzir, no consciente do jovem, valores morais que ele não pratica porque desconhece, teríamos uma geração de robôs, sem autocrítica para discernir o que serve do que não presta. É contra essa massificação da juventude que lutamos há tantos anos, e hoje, mais do que nunca, recomen-

damos aos familiares que acompanhem o crescimento dos filhos e deixem que eles adquiram experiência pelo esforço próprio, pelo estudo aprofundado e pelo exercício de uma profissão digna. Não somos contrário à orientação, antes, a estimulamos, pois o dever dos pais é coordenar os esforços no sentido de fazer crescer os filhos que devem ser educados.

– Pai e mãe não devem se contradizer nas orientações que passam para os filhos – completou Samita.

– Esse é outro argumento que devemos explorar. É muito comum a ocorrência de conflitos familiares sérios quando o direcionamento da casa é controvertido: o pai pode pensar de um jeito mais severo e a mãe colocar "pano quente"! A situação pode ser inversa, e o resultado será sempre danoso: filhos inseguros, pois a insegurança, muitas vezes, brota dessa situação contraditória. Filhos rebeldes, oportunistas, também se prevalecem dessa indecisa autoridade.

– Já se percebe, Luiz, que Ofélia se encaixa no primeiro time. Ela não sabe com quem deve se identificar: se consigo mesma ou com a avó paterna que só conheceu quando muito menina. Para não continuar "batendo de frente" com o pai, prefere abrir-se com a mãe, mais permissiva e passiva, quando não recorre ao apoio da turma juvenil para os seus desabafos.

– E que turma, companheira! Já avaliou o padrão vibratório daquela garotada?

A esse respeito vamos observar os companheiros de Ofélia, todos bem-postos na vida, "filhinhos de papai", descomprometidos com o trabalho e a vida séria.

Não é a riqueza que torna os jovens um bando de alienados. O dinheiro é útil e bem-vindo a qualquer ser humano. É a forma negligente com a qual são tratados pela família que os faz levar a vida como se essa fosse uma eterna brincadeira. Alguns até agem assim para chamar a atenção dos genitores. É como se gritassem: "olhem, estou aqui, eu existo". Outros gostam do excesso de liberdade que lhes possibilita agir, sem repressões nem limites.

14   *O Despertar de uma Nova Era*

No ambiente de extrema pobreza acontecem casos similares. O abandono talvez se dê por outros motivos, mas o resultado é quase o mesmo: juventude sem rumo, destituída de valores morais, vivendo exclusivamente para o dia de hoje, sem perspectivas para o amanhã.

> – Quanto desperdício de energia vital! – foi o nosso desabafo simultâneo.

***

Aproximamo-nos de Ofélia e sua turminha brava no momento em que, por solicitação mental de uma professora, visitamos a escola. Belo educandário, arquitetura moderna, mobiliário bem cuidado, pisos higienizados. As paredes, revestidas de uma pintura clara, davam suavidade aos ambientes fartamente iluminados por energia elétrica associada à luz natural, provinda de amplas janelas. Essa é a visão interna.

Na parte exterior do prédio, logo na entrada, uma larga escadaria conduzia a um portão gradeado, que permitia o ingresso num hall muito bonito, que se comunicava com um pátio interno protegido por muros bem altos, por questão de segurança. A comunicação entre as alas efetuava-se por corredores mais ou menos largos; nessa escola não observamos problemas de espaço físico, fato bem comum nas escolas públicas, onde milhares de alunos se comprimem em ambientes acanhados e mal ventilados.

As salas de aula e numerosos laboratórios ficavam no andar superior. No térreo, localizavam-se dependências várias: biblioteca, secretaria, sala dos professores, laboratórios de informática e tudo o mais que um educandário particular visa oferecer a uma clientela seleta, cujos pais conseguem sustentar as pesadas anuidades.

Os alunos do ensino fundamental, bem jovens, conviviam com os do ensino médio, mais traquejados nas artimanhas para cabular aulas e promover arruaças que todos consideravam inocentes brincadeiras. Pelo fato de se reunirem ali elementos da classe média alta, de poder aquisitivo privilegiado, a direção se via às voltas com problemas disciplinares que não existiriam se a escola fosse pública.

Na rede pública não prevalece o interesse financeiro e os administradores ficam livres para agir com firmeza, impondo um código de conduta mais rígido, dentro dos limites aceitáveis pela moderna pedagogia. Na escola que analisamos há sempre o empecilho do interesse pelo dinheiro, e os pais, que pagam para ver os filhos educados, muitas vezes perturbam o processo educativo com restrições descabidas contra a ação da administração escolar. Querem permissão para o cigarro, discordam do uso de uniformes, são permissivos demais em relação à conduta dos educandos.

– Vemos aí flagrante conflito de autoridade no direcionamento dessas criaturas, Luiz Sérgio – interferiu Samita. – Os critérios familiares não podem contradizer os objetivos escolares, pois a educação, acima de tudo, é um processo que exige coerência e continuidade. Há tempos se afirma que a escola deve ser a continuação do lar.

– Bem lembrado, Samita. O entrosamento perfeito entre as duas instituições fundamentais de nossa sociedade – escola e família –, produziria frutos maravilhosos para a formação da juventude. Infelizmente, diversos fatores estão fazendo que essas células se antagonizem. Em alguns casos há verdadeiros confrontos de interesses e muitos alunos se afastam à procura de outra instituição escolar, mais simpática ao modo de ver e sentir da família.

– À família compete a opção por uma escola, assim como a escolha de um bom plano de saúde; deveria também eleger uma instituição religiosa para capacitar os filhos para uma vivência espiritual séria e profunda. Nesse setor vemos uma total negligência dos pais em relação à formação dos filhos – ponderou Samita, com um tom de amargura na voz.

– Muitos pais utilizam-se de subterfúgios mentais para fugir a essa responsabilidade, companheira. Afirmam que o livre-arbítrio na escolha da religião é fundamental para o filho. Esse, ao atingir a maturidade, dizem eles, deverá optar pela adesão a esta ou àquela crença. Como, em sã consciência, alguém pode optar pelo que desconhece? A formação religiosa deve começar no berço e percorrer toda a infância e adolescência, períodos ideais para a aquisição de novos hábitos e renovação de valores. Quem elege o pediatra mais competente e a escola mais renomada, tem o direito e a obrigação de levar os filhos a frequentar uma casa de oração, onde possam receber orientação clara e precisa quanto aos objetivos superiores da vida. Findo esse período de maior plasticidade da mente infanto-juvenil, a resistência se torna presente, pois hábitos viciosos cultivados em vidas passadas emergem do subconsciente com força total, se não foram contrabalançados com vivências saudáveis e novas experiências.

***

Instruem-nos os Espíritos que, após ter realizado satisfatoriamente sua missão de educar, os pais entregam os filhos, já adultos, ao próprio destino, para o exercício do livre-arbítrio. O mundo lhes ofertará lições variadas, mas serão todas desejáveis e proveitosas? Estarão os jovens abastecidos suficientemente de força de vontade para suportar as solicitações do sexo, da droga, da vida fácil?

Essa tendência para protelar a formação integral da criança é percebida até no meio espírita, quando pais, indiferentes ao risco de não se posicionar com firmeza na orientação dos filhos, deixam-nos à vontade durante a infância, contando com o correr do tempo para que eles se decidam e queiram conhecer a Doutrina Espírita. Atitude equivocada desses companheiros. O tempo, por si só, não confere títulos de nobreza espiritual.

O Espiritismo é também filosofia e, como tal, oferece postulados educacionais totalmente válidos. Ele é, ainda, o Cristianismo expurgado de dogmas e rituais que o próprio ser humano adicionou à doutrina do Cristo, no decorrer dos séculos. Jesus não estabeleceu uma religião ritualista e dogmática. Ele trouxe mensagens universais e permanentes, que a humanidade ainda não conseguiu compreender em plenitude.

Os Espíritos do Senhor vieram para dar prosseguimento à obra saneadora do planeta, sob o comando vigilante do grande Mestre. Quanto mais cedo o garoto e a garota entrarem em contato com esses ensinamentos, maiores as possibilidades de compreensão e de renovação interior. Tornar-se-ão adolescentes mais ajustados e jovens equilibrados, distantes dos excessos perniciosos e da tão temível dependência química.

***

O lar de Ofélia não oferecia condições para a formação pacífica da adolescente. A preocupação com aspectos religiosos não existia, pois o que chamavam de religião era apenas um aparato social, faltando a essência que consiste no intercâmbio de forças com o mundo espiritual. Os amigos de Ofélia também sofriam dessa carência, que acabava por se refletir numa atitude debochada diante dos professores e demais auxiliares da escola. Os pais preferiam, como acontece costumeiramente, fechar os olhos e dizer que tudo não passava de infantilidades próprias da idade. Era uma saída cômoda e escapista, que ainda daria preocupações e dores de cabeça.

Os pais daqueles jovens não eram pessoas essencialmente más; descuidavam-se da educação completa dos filhos por julgarem suficiente o conteúdo intelectual. Não transmitiam valores porque também não receberam no passado. Estavam defasados! É o círculo infeliz que se criou, manifestando-se na sociedade atual, onde pais despreparados geram filhos e não sabem encaminhá-los para o exercício consciente da cidadania, que envolve, ao lado da capacitação profissional, o desenvolvimento harmônico da personalidade, da afetividade e do respeito ao próximo.

Esses valores não são repassados por órgãos oficiais de educação ou repressão; incluem-se entre os direitos e deveres que a família tem de transmitir para a prolc, realçando sempre os conteúdos que considera válidos. Para tanto, é preciso que possua conceitos bem definidos sobre a vida humana e sua finalidade.

O conhecimento do Espiritismo demonstrará, às futuras gerações, a filosofia de vida que está faltando à atual. Aliás, os postulados ensinados pelos espíritos já estão se propagando à boca pequena, em doses homeopáticas, podem-se dizer. Dia virá em que os ensinamentos codificados por Kardec varrerão os quatro cantos da Terra, pois são postulados universais, válidos para toda a humanidade.

Enquanto as coisas caminhavam em calmaria no lar de Nestor, o pai orgulhoso de Ofélia, não havia motivos para preocupação. No entanto, diz um provérbio que "o que não anda, desanda", o que podemos explicar com uma colocação algo parecida: quem não caminha perde o passo e fica a ver "navios".

Na primeira série do ensino médio Ofélia apresentou mudança no comportamento. Tornou-se arredia; de garota afável que era transmudou-se em figura fechada, que não fixava os olhos nos pais e passava grande parte do tempo isolada em seu quarto de menina rica. As empregadas foram as primeiras a perceberem a mudança. Sem autoridade para interferir na vida dos patrões, calaram-se. As amigas mais jovens foram descartadas pela adolescente que preferiu juntar-se a um grupo mais velho, cuja influência não seria benéfica. Os novos companheiros faziam uso de bebidas e de drogas, consumidas fora do ambiente escolar. O convite para a droga ocorreu dentro da escola, com amigos influenciando amigos e apontando as "bocas de fumo".

Ofélia recebeu o convite para a terrível experiência e recusou. A maneira incorreta do pai impondo-lhe a responsabilidade de honrar o nome da avó, de certa forma surtia um efeito positivo: ela sempre pensava se a avó faria essa experiência e concluía, acertadamente, que não.

"Não, minha sábia avozinha não entraria para esse caminho desastroso" – pensava a adolescente entristecida.

Por que, então, vivia triste e diferente a menina que não estava se drogando, é a questão que aprofundaremos para os leitores. Ofélia, aos 16 anos, julgava-se apaixonada. A paixão deixava a menina-moça com ar sonhador, isolada da família, pensando na dificuldade de se relacionar com Osório que já cursava o terceiro ano e pertencia à turma do "pó". Avaliamos a situação e deparamos com uma verdadeira queda-de-braço: enquanto ele a convidava para aderir ao vício, ela lutava para afastá-lo dele.

Havia possibilidade de Osório safar-se da situação, pois ainda fazia uso esporádico da droga, e, por uma peculiar disposição orgânica, poderia afastar-se da cocaína sem exagerados sofrimentos, naquele momento. O uso continuado o levaria à dependência e Ofélia, temendo isso, lutava com as armas femininas da sedução e envolvimento para salvá-lo enquanto era tempo.

***

Estávamos ao seu lado para dar força aos bons propósitos. A equipe dos jovens se divide e se multiplica de acordo com a necessidade. Sabemos que o tráfico de entorpecentes alimenta outros setores criminosos, como o armamento ilegal e até o terrorismo internacional. O combate a esse grande flagelo, em nível mundial, está entregue às altas esferas espirituais que comandam o destino do planeta e sabem como e quando interferir. Nossa responsabilidade está circunscrita a ações menores, porém não menos importantes.

À medida que trabalhamos adquirimos experiência e aumentamos nossa bagagem espiritual. O educandário tornou-se alvo de nossa visita constante e as reuniões dos jovens eram também pontos de encontro para nós, os desencarnados. Percebemos alguns seriamente comprometidos com o tráfico; outros, quase dependentes; alguns, próximos da primeira experiência com a maconha, porta de entrada para outras drogas.

Ângelo, um garotão de aproximadamente 18 anos, já estava às voltas com a falta de dinheiro para adquirir o produto. Os pequenos furtos aconteciam em casa e uma serviçal doméstica foi dispensada, sob suspeita. A injustiça no princípio o incomodou, mas bem depressa ele mudou o rumo do pensamento. Como não trabalhava precisava descolar algum dinheiro, sem raciocinar que o vício é como um saco sem fundo. Verdadeiras fortunas são consumidas no afã de saciar o desejo insaciável da droga. O ser humano que sobreviver a tantas agressões orgânicas se não for executado pelo fornecedor quando deixa de pagar, terá de procurar um tratamento em clínicas que já existem, mas que não são tão numerosas quanto precisavam ser.

Arnaldo não teve a mesma "eficiência" de Ângelo e foi descoberto pela família na primeira investida contra o patrimônio doméstico. O aparelho de videocassete que estava preste a retirar do lugar caiu de suas mãos nervosas e estatelou-se ruidosamente no chão, com barulho suficiente para acordar o pai. Esse, vendo o estado deplorável do filho em alta madrugada, compreendeu a extensão do problema que até então tentava minimizar.

– Você precisa de ajuda médica, meu filho, e vou providenciar isso imediatamente.

Arnaldo saiu de circulação misteriosamente. Nos círculos elevados da sociedade o uso da droga não é revelado abertamente. Os amigos íntimos conheciam a verdade, mas não teciam comentários. Na escola os pais trancaram a matrícula alegando que o filho fizera uma viagem de estudos para o exterior, onde permaneceria por tempo indeterminado.

A professora Solange, aquela que lê nossos livros e solicitou ajuda espiritual, entendeu a extensão do drama vivido pela família do jovem e reforçou suas orações, dando uma sustentação muito boa à nossa tarefa. Toda oração e todo bom pensamento facilitam nosso esforço e tornam a mente encarnada mais receptiva ao auxílio.

***

Osório era um típico jovem de classe média alta, despreocupado com o próprio sustento, afeito aos prazeres da casa confortável, alimentação saudável, roupas de grife e algum dinheiro no bolso, procedente de gorda mesada. A despreocupação com o dia a dia fê-lo dedicar-se com entusiasmo ao estudo e esportes, até o dia em que a curiosidade e a oportunidade se juntaram e ele experimentou a droga, distante da família e da escola, pois os pais e professores, nesse aspecto, são figuras repressoras. Encontraram-se lá, num canto afastado de uma pracinha, alguns amigos da mesma idade e ele "cheirou" pela primeira vez. Sentiu um "delírio arrasador", palavras que ele pronuncia para Ofélia, tentando conquistá-la para seu grupo. O sentimento de grupo é muito forte para os adolescentes; muitas atitudes incorretas são praticadas por meninos e meninas, apenas por desejarem a aceitação da turma.

Ofélia não é uma garota ignorante nesse terreno, embora seja inexperiente. Ela sabe, por informação de médicos e psicólogos, que o efeito da droga é arrasador e permanente, enquanto o prazer é transitório.

Não enganamos a juventude e procuramos desfazer o mito de que o prazer, o êxtase e a euforia são produzidos exclusivamente por drogas alucinógenas. Não e não! Os santos, que o Cristianismo consagrou ao longo dos séculos, viviam de maneira sóbria, alimentavam-se frugalmente, não ingeriam alcoólicos, e quantos relatos a história registra de ocorrência de êxtases, de comunhão com o Alto, de euforia saudável e permanente! O bem-estar produzido por um estado profundo de meditação e oração é incomparável e produz uma sensação de plenitude, coisa que a droga jamais produzirá.

O prazer da droga é irreal e se desvanece: existe num momento e desaparece logo depois, deixando no organismo físico e mental uma sensação de vazio, de frustração e angústia. No final, quando a dependência já se impôs, o ser humano passa a ter somente lembrança vaga da euforia, e viverá um tormentoso momento de depressão. Correrá sempre em busca da alegria perdida e mergulhará de vez no vazio existencial, anulando-se como pessoa e descendo os tristes degraus que conduzem à insanidade total ou à morte prematura.

O corpo espiritual sofre profundos abalos, pois suas fibras delicadas são atingidas pelos efeitos nocivos do álcool e de outros entorpecentes. Equivale a afirmar que o ser leva para o mundo espiritual os efeitos maléficos dessa dependência, que haverão de repercutir em encarnações futuras com prováveis desajustes psicossomáticos.

Ofélia não tinha conhecimento do lado espiritual da existência, mas possuía uma grande amiga a velar por seus passos – a própria avó, que a visitava durante o sono e lhe abria os olhos para certos riscos.

– Nenhuma paixão, minha neta, vale a perda de sua saúde física e mental. O amor ao próximo deve ser igual ao amor por si mesma, nunca superior. Jesus afirmou que devemos amar o próximo como a nós mesmos, não acima de nós. Nunca devemos sobrepor esse amor aos interesses fundamentais da alma imortal, que veio à terra para evoluir, adquirindo conhecimentos e sabedoria. Se você ama realmente Osório, tente arrancá-lo da borda desse precipício que a droga representa; não caia junto com ele nesse poço cheio de serpentes do qual ambos terão dificuldades imensas para sair. Muitos saem, mas com tanto sofrimento que nos causa grande compaixão presenciar as cenas de desespero e aflição desses infelizes... Outros não conseguem, porque não buscam ajuda ou se recusam a recebê-la. Quantas mortes prematuras estão acontecendo no mundo atual, de almas que vieram com objetivos nobres e nem sequer atingiram a maturidade física. Quantos lares deixam de se formar porque um dos parceiros perdeu-se e partiu precipitadamente!

Era uma verdadeira aula de humanidade que Ofélia recebia durante o sono físico, da avó que se tornou um espírito protetor e velava pelo desenvolvimento pleno da adolescente. Ao acordar ela não conservava lembrança total das conversas íntimas, mas sentia-se reanimada. Fechada no seu mundo particular, ela ponderava sobre a situação do namorado e buscava argumentos que pudessem convencê-lo do risco que corria. Nesse ponto interferimos de forma determinante, providenciando para que Osório se descuidasse e o "bagulho" fosse descoberto pelos pais, horas antes de ele sair para o programa de sábado à noite. Sabíamos que o grupo se preparava para altas badalações; todos fizeram a reserva habitual da droga para esquentar a curtição. Tudo preparado para transformar aquela madrugada num inferno de música estridente, associada à dança tresloucada. Só não contavam com a atenção dos espíritos que queriam o seu bem.

O pai, saindo da cômoda posição de fornecedor de dinheiro para o bem-estar puramente material da família, transformou-se numa fera. Olhava o pó e não queria acreditar nos próprios olhos. Tudo poderia acontecer aos outros jovens, não ao seu filho único, que só tinha motivos para ser feliz e não precisava desse suporte para se realizar.

– Pobre homem, Luiz Sérgio, esqueceu-se da vigilância sobre o filho e seus amigos.

– Esqueceu-se também, Samita, da curiosidade que muitos têm em relação aos entorpecentes. Há muita fantasia a respeito e, somente agora, os meios de comunicação estão mostrando, com realismo nu e cru, os efeitos devastadores das drogas para o usuário, para a família e para a sociedade que se vê agredida e se priva de membros com alto potencial de realização na música, na arte dramática e em diversos setores da atividade humana. Cada morte deixa uma lacuna que não pode ser preenchida de imediato, por se tratar do destino individual de um ser humano que providenciou uma forma lenta ou violenta de suicídio.

O pai de Osório, quase fora de si, buscou o telefone e fez uma ligação bastante intrigante. Amigo de uma autoridade importante no setor da segurança pública, colocou a escola do filho, o grupo de amigos e os lugares frequentados por eles sob a mira policial. De forma discreta, é claro, evitando fornecer pormenores muito comprometedores, ele passou para o policial todas as informações pertinentes, pedindo sigilo e discrição, no que foi atendido com solicitude. Afinal, além de amigo, esse homem era um importante empresário, honrado e conceituado entre seus pares, digno de toda a consideração.

Osório caiu na real após uma reprimenda muito forte do genitor. Ele nunca vira o pai tão preocupado com seu bem-estar. Achava mesmo que, naquela mansão, só os empregados tinham algum afeto por ele. Os pais, pensava erradamente o jovem, apenas o toleravam e satisfaziam às suas necessidades de forma generosa, por serem ricos e despreocupados quanto ao dinheiro. Nesse momento percebeu que havia um sentimento verdadeiro por detrás da aparente indiferença. Pela primeira vez desde que atingiu a adolescência ele teve certeza de ser amado. As palavras amargas do pai e as lágrimas sentidas da mãe deram-lhe a certeza de sua importância no contexto familiar. Ao admitir que todos queriam o seu bem, não seria ele próprio o destruidor de sua auto-estima. Estava mudado o rumo de sua vida.

Na manhã de domingo renascia um novo Osório, cheio de vida e de bons propósitos. Nossa turma esteve presente durante o tempo necessário para sedimentar as boas intenções do rapaz.

Quando os pais se acalmaram, pudemos insuflar-lhes pensamentos renovadores de atenção e maior convivência com o filho. Sugerimos também que o industrial levasse Osório para o escritório da empresa, considerando que a ociosidade promove um ambiente fértil para muitos comportamentos viciosos, não só no terreno da droga. Estava na hora do jovem trabalhar, a exemplo de milhões de brasileiros.

Estudo e trabalho é uma combinação perfeita para a estabilidade emocional do ser humano, na fase da juventude, principalmente.

A família voltou a se reunir, agora com objetivos construtivos. Osório prometeu abandonar o uso da droga, à qual, felizmente, ainda não se deixara escravizar. Os amigos que não seguissem seu exemplo seriam deixados de lado, até mesmo porque pretendia dar maior atenção à "gatinha". O namoro iria deslanchar, pois o par romântico estava destinado a formar uma família e trazer ao mundo filhos lindos e fortes.

***

Liberado o caminho para Ofélia e Osório voltamos nossa atenção para a escola. O diretor recebeu em seu gabinete a visita de um investigador discreto que se inteirou da situação dos alunos dentro do campo escolar. Constatou que havia um pulso forte dentro da instituição e concluiu que o repasse da droga era feito do lado de fora. As autoridades policiais redobraram a vigilância nos arredores, espantando os fornecedores para outras paragens. Quem quisesse a droga correria atrás, sabemos disso, mas dificultamos ao máximo a ação desses criminosos que, em busca do vil metal, colocam em perigo tantas vidas juvenis, antes mesmo que elas possam despontar para a maturidade.

Refletimos sobre a responsabilidade pessoal desses homens e mulheres sem escrúpulos, sem formação moral, que atentam contra a vida de uma multidão de pessoas, ofertando um produto devastador da saúde física e mental. Teriam filhos esses traficantes?

Já podemos antever suas vidas futuras, amargando dores lancinantes, carregando no corpo e na alma o estigma da culpa. Quantos dementes e portadores de outras enfermidades degenerativas estão expurgando este "pecado capital" – a destruição de vidas ainda no seu desabrochar. Pagarão até o último centavo conquistado indignamente, e suas existências transcorrerão entre gemidos e ranger de dentes. A justiça divina é implacável com aqueles que atentam contra sua obra criadora, de beleza e harmonia. O ser humano é a obra maior da criação, e o Pai de misericórdia é também um Pai que corrige os filhos rebeldes, com o aguilhão da dor e o ferrete do sofrimento, tudo preestabelecido em suas leis imutáveis.

O futuro se aproxima

25

Pensem bem, leitores jovens ou adultos: drogar-se é jogar a vida no esgoto, é lançar a família na mais cruel aflição. Quem se droga mata-se aos poucos e comparece diante de Deus como um suicida, com grande peso na consciência.

Socorremos, no mundo espiritual, muitos irmãos infelizes. Em uma obra anterior (*O que os jovens podem ensinar?**), alguns jovens, atendendo ao nosso pedido, compareceram e fizeram relatos de angústias e tormentos íntimos, de sofrimentos que provocaram por rebeldia, ignorância e uma vontade enfraquecida.

O fortalecimento da vontade é de capital importância no período de maior desenvolvimento psicossocial do ser que se quer educar. Retirar todas as pedras do caminho, facilitando em demasia a vida dos filhos, poupando-os de tomar conhecimento de dificuldades familiares, sejam referentes a finanças ou a doenças, em nada contribui para a construção de um caráter forte, decidido, que não se dobrará a influências negativas que partem do grupo social.

É comum o comentário de pessoas que se veem subjugadas pelo hábito vicioso do cigarro: "eu quero, mas não consigo deixar de fumar". Na verdade essas pessoas têm uma vontade bastante enfraquecida; o desejo de fumar sai vencedor porque ainda é o maior. Compete ao ser racional dirigir a própria vida. Procurar ajuda profissional para se livrar de dependências doentias e de compulsões é atitude de sabedoria.

À medida que o subconsciente se libera de pressões internas, o consciente vai tomando o controle da vontade que, fortalecida pela compreensão do mal que os vícios provocam, tem maior poder de "fogo" para combatê-los. O combate tende a ser feroz se o indivíduo foi complacente com o vício durante longo período, mas vale a pena reconquistar a liberdade de ação, pois o dependente é sempre um escravo, alguém que trocou a liberdade por um punhado de "ouro de tolo".

As terapias também existem e são bastante eficazes no mundo espiritual, porque o conhecimento dos médicos que as praticam é inegavelmente superior. Não queiram, os encarnados, aguardar a desencarnação para adquirir uma vontade forte que não se dobrará às

---

*N.E.: Obra de Luiz Sérgio publicada pela Madras Editora

investidas do mal. Iniciem, agora, esse processo e sentirão na pele a alegria que a liberdade interior pode proporcionar.

Encerrando as considerações que fecham este capítulo revelamos que ainda damos acompanhamento à referida escola. Os professores sentem-se mais seguros e os pais interferem menos no gerenciamento do educandário. Compreenderam, pelo sofrimento imposto pelo desvio de conduta dos filhos, que um bom código disciplinar deve ser coerente com normas também praticadas dentro do lar. Não interferem nem criticam as propostas educacionais mais severas. Frequentam as reuniões com outra intenção – a de somar esforços para o crescimento integral dos filhos.

A professora Solange é muito agradecida à equipe dos jovens, mas apenas cumprimos mais uma tarefa de amor ao próximo. Somos uma patota que reconheceu a eficácia do amor, o único motivador de nossas ações. Quem ama cuida do ser amado, seja esse um filho, um pai ou um irmão. Todos aqueles que oram pela juventude estão somando forças com o mundo invisível, colaborando para que ventos melhores soprem sobre o planeta.

Um raio de sol em nossas vidas

Noite tristonha de inverno. Estirada sobre o leito, Camila pensava nos momentos felizes que vivera com André. Embora muito jovens, curtiram uma paixão devastadora, dessas que afetam mente e coração, tiram o sono e o apetite. Considerando bem, os apaixonados têm maior chance de manter o corpo esbelto, pois quase que se alimentam de amor. Falei amor? Corrigindo: a palavra amor não é sinônima de paixão. Enquanto o amor constrói e edifica, a paixão devasta, consome. O amor se solidifica com o decorrer do tempo e a paixão se arrefece; seu fogo se extingue. Um é permanente, a outra é passageira e, na maioria das vezes, nem deixa grandes recordações.

Fitando o teto, a menina relembra os momentos de intimidade, mas não consegue reacender a chama do desejo. Sente-se infeliz, pois descobriu que a fornalha que ardia dentro de si à simples pronúncia do nome do seu amado não arde mais. Agora é uma chama bem pequena, uma labareda tímida preste a apagar-se. Que teria acontecido? Como dizer a André que ele não mais a empolga? Que sua visita já não é ansiosamente esperada? Que seus carinhos não provocam os delírios de outros tempos?

Visitamos André na companhia de Enoque, para ver se o parceiro de Camila passava também por fenômeno semelhante, sintoma que prenuncia o fim de um romance. Encontramo-lo frente à televisão assistindo a uma sensacional partida de futebol, dessas que decidem campeonato e fazem a felicidade de uns e a desgraça de outros. Acomodado no sofá, tendo ao lado um saco de pipoca e um copo de refrigerante, batia boca com o irmão caçula, realçando a superioridade de seu time. Felizmente Gil era menos fanático. Não demonstrava vontade de polemizar e tolerava os rompantes do irmão com certa complacência. Torcedor do time que estava em desvantagem no marcador, nem por isso deixava de admitir a superioridade do time de André.

Ficamos ali, observando e analisando as características individuais que sobressaíam entre os irmãos. A diferença de idade era pequena entre eles, mas a aura os distinguia por completo. Gil revelava grandeza moral enquanto André mostrava-se como um jovem normal, cujos valores pessoais precisavam ainda de muito burilamento. Surpresa bem agradável foi observar o refrigerante sobre a mesa, em vez de cerveja; logo compreendemos que a sugestão partira de Gil. Os irmãos, apesar das diferenças, queriam-se bem.

À medida que um time marcava um gol o prédio todo estremecia: pulos, gritos, buzinas e palavrões contra o adversário!

– Que diferença, Enoque, das torcidas dos anos setenta. Nós nos empolgávamos, mas não eram frequentes as agressões verbais ou físicas aos torcedores rivais.

– Falou bem, Luiz Sérgio, hoje as torcidas se organizam com duplo objetivo: o de torcer pela vitória do time que idolatram quase doentiamente, e o de irritar os ânimos e humilhar a torcida adversária. Esquecem que a meta do esporte é a descontração e a socialização dos seres humanos. Você foi torcedor de um time bastante conhecido e prestigiado, certo?

– Certíssimo! Quando estive encarnado, vivia experiência semelhante à de qualquer indivíduo da época. Havia, notadamente, mais respeito e menos agressividade. As torcidas se reuniam para prestigiar o clube e não para fazer guerrinhas particulares. Alguma discussão "pintava", mas não terminava em tiros e pancadarias. Preste atenção nos gritos que ouvimos de outros moradores. Eles se revelam mais preocupados em ofender o rival do que em alegrar-se com a vitória conquistada. Este não lhe parece um comportamento irracional e incoerente?

– Poderíamos dizer, simplesmente, que "Freud explica", mas sabemos que a psicologia evoluiu bem mais nas últimas décadas do século 20. Explicações realmente claras encontramos em *O Livro dos Espíritos*, editado em 1857. Nele, veneráveis entidades delinearam o perfil dos espíritos que habitam nosso mundo: quase todos bastante carentes de evolução e necessitados de educação. Almas encarnadas em nosso contexto social trazem comprometimentos de conduta. Se não forem contidas por uma educação muito séria dos instintos, esses prevalecerão, e o resultado é imprevisível e indesejável. Quem vai ao estádio deve fazer desse passeio um momento de lazer, de descontração. Que vença o melhor, aquele time que está momentaneamente mais bem preparado. Meses depois a situação pode se inverter, e quem estava por baixo acaba levando vantagem. Concluindo, ninguém é superior o tempo todo! – finalizou Enoque.

Enquanto batíamos esse papo o jogo terminou e os dois irmãos se separaram. Gil foi para o quarto e apanhou um romance para ler antes de dormir. André foi até o banheiro, melhorou a aparência e saiu para a rua. Queria comemorar e procurou a companhia dos amigos. Em nenhum momento ele pensou na namorada. Obtivemos a resposta que fomos procurar: a paixão já era!

***

Cíntia e Marcelo, os pais de Gil e André, retornaram da casa espírita onde frequentam cursos e atuam nos trabalhos de assistência espiritual. Nessa noite o grupo se reuniu para estudar o Evangelho à luz da Doutrina Espírita. Esteve em pauta o Sermão da Montanha, também conhecido como as Bem-aventuranças. A narração é de Mateus, capítulo cinco: "(...) subiu Jesus a um monte e olhando a multidão começou a falar dizendo: bem-aventurados os pobres em espírito porque deles é o Reino do Céu; bem-aventurados os aflitos porque serão consolados..."

As considerações feitas pelos estudantes encarnados foram enriquecidas por orientadores espirituais. A assembleia não se compunha tão somente de alunos do plano físico – dezenas de espíritos, entre os quais muitos jovens, acompanhavam o raciocínio do expositor. Esse sermão é especialmente significativo para nós, a começar pela introdução que afirma ter Jesus subido a uma montanha. Entendemos que essa subida ocorreu no plano físico, pois Jesus precisava colocar-se em destaque diante da multidão, para ser ouvido e entendido. Gostamos, porém, de imaginar uma ascensão espiritual, uma elevação vibratória da alma que busca contato mais perfeito com o Criador.

Essas mensagens formam um hino maravilhoso e um convite à perfeição. Para entendê-lo precisamos elevar nossas vibrações, para sentir o que Jesus sentiu ao proferir uma mensagem tão completa, que por si só sintetizaria toda a sua doutrina.

Durante a aula, os companheiros da Espiritualidade também trocam impressões e formulam questionamentos. Muitos comparecem para aprender. Os orientadores intuem os expositores para que abordem esse ou aquele ângulo da questão. Muitos exemplos também são sugeridos pelos mentores.

Marina, uma das alunas, referindo-se a uma colocação sobre o sofrimento disse que aquela mensagem era para ela, que atravessava momento difícil na vida familiar e profissional. Joana achou que servia também para o seu caso.

Na verdade servia para todos – encarnados e desencarnados. Quem não tem um problema em casa ou no emprego? Quem não está às voltas com doenças ou desemprego? Quem não carrega consigo certa dose de ansiedade e preocupação diante das dificuldades da vida? Os desencarnados também podem ter dúvidas e incertezas, principalmente os que estão em processo de aprendizagem!

Os recados são dados em abundância; depende de cada um entendê-los em maior ou menor profundidade. Essa é a vantagem da assembleia espírita no que diz respeito às reflexões doutrinárias e às preces: nada de liturgias, de gestos estabelecidos, de orações repetitivas, muitas vezes pronunciadas sem atenção e sem vida.

Um raio de sol em nossas vidas 31

Enquanto vemos pessoas saindo frias e vazias de certos cultos que dão muita importância ao ritual, sentimos conforto em perceber quão proveitosas são as reuniões destinadas ao culto cristão nas casas espíritas.

Todos os que buscam sintonia com o Alto conseguem iluminação, conforto e esclarecimento. Nesse caso devemos considerar sempre as diferenças individuais e o grau de sintonia da alma com Deus, pois Ele está em todos os templos e atende a todas as solicitações de seus filhos. Salientamos, apenas, que os meios ideais para se fazer ouvido pelo Pai são o recolhimento interior e a elevação do pensamento. A verdadeira oração não precisa de muitas palavras, mas necessita de bastante fervor, fé e amor, condições que os mentores de uma casa espírita se esforçam para inspirar aos aprendizes da Doutrina.

As oportunidades de reflexão são riquíssimas. Nas reuniões abertas ao público os palestrantes discorrem sobre temas doutrinários, analisando e aprofundando conceitos, de forma simples, sem sofisticação, para que todos os ouvintes possam tirar proveito das referências evangélicas. Nos trabalhos de desobsessão os tarefeiros ouvem a doutrinação dirigida aos espíritos e têm a chance de meditar e melhorar a própria vivência, para não cair em desajustes semelhantes, para que, no futuro, não passem de socorristas a necessitados de socorro. A boa vivência na tarefa espírita é fator excelente de construção da própria espiritualidade. Só não crescerá o tarefeiro displicente, faltoso, desatento à importância do trabalho espiritual.

Em qualquer atribuição dentro do núcleo espírita existe a chance de envolvimento com entidades sublimadas. Desde o recepcionista que acolhe os assistidos com um sorriso e lhes indica o lugar onde se devem acomodar, até os que executam funções de maior responsabilidade – não de maior importância –, todos são envolvidos numa atmosfera de serenidade e recebem dos espíritos amigos o apoio necessário para o desenrolar harmônico das atividades.

O Espiritismo é uma centelha a iluminar este mundo de aprendizado, onde imperam as imperfeições humanas. A luminosidade que essa Doutrina irradia provém das mensagens vigorosas e imorredouras do Evangelho de Jesus, traduzido para várias línguas e necessitado de esclarecimentos e ideias complementares. Os mensageiros do Senhor compareceram, maciçamente, para reforçar os conceitos mais obscuros e identificar adulterações adicionadas por interesses contrários aos do Mestre.

O Espiritismo é um novo sol que despontou nos meados do século 19, mas, por enquanto, só consegue iluminar parcela muito pequena da humanidade. Felizes são aqueles que têm acesso a tão formidáveis conhecimentos! Com eles poderão entender as dificuldades do dia a dia e alimentar a esperança de uma vida melhor, mesmo que em outro tempo e dimensão.

Nossa responsabilidade com o próximo torna-se mais evidente quando consideramos a ordem de Jesus: "ide e evangelizai..." Tomando como exemplo o apóstolo Paulo também proferimos: ai de nós se não pregarmos o Evangelho! Nossos objetivos só podem ser os do Mestre. Como Paulo, também somos discípulos, ressalvadas as condições de tempo, espaço e capacidade. Temos uma contribuição a fazer para que o mundo se torne melhor, sua atmosfera mais respirável. Cruzar os braços é sinal de indiferença ao comando do Mestre amigo, que não considerou uma humilhação tomar um corpo de carne e habitar entre nós.

As conquistas podem nos parecer pequenas, insignificantes, mas toda construção começa por uma pedra angular. Jesus é o suporte de toda construção espiritual que os operários terrenos venham realizar. Com Ele no comando não sucumbiremos ao peso das tormentas. Com Ele e por Ele, sejam endereçadas ao Pai toda a honra e toda a glória!

Cíntia e Marcelo são os pais responsáveis dos garotos Gil e André. Sempre que se apresenta uma oportunidade eles insistem para que os filhos os acompanhem ao centro espírita. Gil, embora seja o mais novo, é o mais interessado na doutrina. André é mais reticente, inventa algumas desculpas, mas comparece quando sente necessidade dos benefícios restauradores de um passe. É uma visita interesseira como a de muitas pessoas que só se aproximam de uma religião para receber algo em troca. Menos mal, entendemos. Um jovem frequentador de locais onde se discute o Evangelho tem muito a receber, seja em forma de conhecimentos, de reflexão, de energias restauradoras, enfim, de tudo o que é preciso para o fortalecimento moral.

***

Um raio de sol em nossas vidas

André precisa reformular valores porque acumula, do passado, hábitos viciados na área da sexualidade. Naquela existência aliciava meninas para um bordel, executando o papel infeliz de um alcoviteiro em troca de uma porcentagem vergonhosa. Não usava de violência na "profissão", mas utilizava-se de artimanhas para o aliciamento de garotas jovens e desorientadas, muitas vezes expulsas de casa pelo pai incompreensivelmente severo, que não perdoava "deslizes" no comportamento sexual das filhas.

A sociedade sempre foi hipócrita nesse sentido, admitindo duplicidade de direitos: ao homem tudo, às mulheres nada, contrariando o código moral divino que não estabeleceu distinção entre os sexos, e exige de ambos um comportamento digno para que evoluam espiritualmente. Jesus nunca tratou o sexo feminino como inferior. No caso da mulher adúltera, que estava para ser apedrejada em cumprimento às leis de Moisés, Ele quis saber onde estava o parceiro e por que o ônus da culpa recaía apenas sobre ela. Não a condenou, mas recomendou que não voltasse a pecar.

Ainda nos escandaliza o fato de mulheres serem castradas em regiões atrasadas do globo, para que não sintam prazer sexual! O sexo, criação divina para a preservação da espécie, não é coisa suja e indecente; é algo sério e santificante, pois dá à espécie humana o poder de perpetuar a obra do Criador, formando corpos de carne que são tabernáculos do espírito imortal, necessitado de evoluir e de expurgar impurezas acumuladas no perispírito.

Se a sociedade moderna, malgrado o desenvolvimento científico no campo da sexologia, ainda não atinou com a grandeza do ato sexual, apresentando-o de forma aviltada a leitores e telespectadores sedentos de emoções viciadas, imaginemos o quanto de tabu e preconceitos a sociedade antiga lançou sobre o relacionamento homem e mulher. Desvios de conduta nessa área não são inovações de agora. No seu caminhar evolutivo a raça humana foi aprimorando sentimentos e refinando sensações, por meio do controle e educação dos instintos. Não somos seres assexuados; devemos todo o respeito ao sexo, masculino ou feminino, pois assim fomos gerados pela sabedoria divina.

André desconsiderou a nobreza da sexualidade humana e dela abusou como ainda se abusa em regiões pobres do país, onde garotas de 12 ou 13 anos são corrompidas na sua inocência e encaminhadas para a prostituição. Algumas são realmente ingênuas, outras nem tanto. Quem se sujeita a tais condições é portador de lacunas morais que trouxe de vidas anteriores. Estamos batendo sempre na mesma tecla: é preciso romper com esses condicionamentos viciosos, pelo respeito aos preceitos divinos ou pela dor que corrige e reajusta, drasticamente, os rumos da nossa vida.

André pediu, ao encarnar, uma chance de reparar suas faltas pela dedicação ao bem do próximo. Deverá saldar uma dívida coletiva por meio da bênção da caridade e assistência social às mães solteiras ou desamparadas. Como agente facilitador de sua tarefa recebeu dons mediúnicos. Gil veio como colaborador fiel, por pura generosidade a um irmão querido do passado. Os pais fizeram parte de sua história, mas não carregam o peso da mesma culpa na consciência; numa figura de linguagem, o patinho feio destinado a virar um belo cisne é o próprio André. Ainda adolescente ele já deu mostra de desapreço às mulheres, pois Camila não é a primeira "mina" que rapidamente descurtiu. De outras ele se aproximou, envolveu e se afastou sem drama algum na consciência. Algumas sofreram com isso, outras não.

Já escrevemos sobre a responsabilidade de se cativar pessoas, pensando em casos semelhantes ao de André. Pessoas não são objetos descartáveis. Ou a gente ama e, portanto, respeita, ou então a gente se afasta antes de criar expectativas e magoar.

Não foi prevista a formação de uma família carnal nessa existência do jovem. Sua família será extensa, de cunho espiritual, como forma de expurgar da alma as manchas contraídas com os erros passados. Engana-se quem considera a justiça divina falha, inconsistente. André deverá acertar suas transgressões à lei divina, por meio de uma vida desapegada de bens materiais, privada do aconchego de um lar que ele ainda não sabe valorizar. Não se trata de castigo, é oportunidade de reeducação. Por isso vale sempre um novo alerta: o melhor caminho é sempre o do amor. Dívidas acumuladas hão de requerer esforços concentrados; às vezes uma só encarnação não é suficiente para ressarcir os danos morais causados ao próximo e nos recompor diante da própria consciência.

Um raio de sol em nossas vidas   35

– Pobre André – ponderou Enoque. – Acumulou débitos pesados numa única existência. Para zerar tudo isso na contabilidade divina precisará empenhar-se bastante. Felizmente pode contar com o apoio psicológico e espiritual dos pais esclarecidos, de um irmão afetuoso e das noções de fraternidade universal do Cristianismo. Até agora tratou o assunto da mediunidade com ar displicente, mas a cobrança se aproxima para valer. Você já percebeu a delicadeza da situação, Luiz Sérgio?

– É isso aí, companheiro. Se os conselhos dos pais não surtirem o efeito esperado, ele terá cobradores impiedosos que o atormentarão; então, buscará refúgio e socorro na casa espírita. Ele já conhece o caminho...

– Ele não poderia ajustar-se com a lei divina sem assumir o compromisso da mediunidade? – perguntou Karina, presente no momento em que tecíamos essas considerações.

– Há muitos caminhos para chegar a um objetivo grandioso – respondi. –A mediunidade é a fórmula melhor nesse caso, porque sua ação é mais abrangente. André ofendeu e arruinou muitas mulheres, algumas das quais estão reencarnadas e necessitadas de soerguimento moral. Quem auxilia na queda tem de ajudar a levantar! Esse será o fundamento do socorro material que deverá prestar a mães desamparadas; algumas ainda se ressentem dos erros praticados no passado. O gigolô da existência anterior deverá transformar-se no pai protetor, no irmão caridoso que apoia sem recriminações, isento de interesses sensuais e materiais. A instituição que ele será inspirado a criar estará sob custódia espiritual de belíssima entidade feminina, e favorecerá centenas de criaturas ao longo de muitos anos. Por meio da mediunidade André entrará em contato com espíritos revoltados contra ele próprio, a quem proporcionará possibilidade de conhecer o lado melhor da existência. Mostrando-se redimido, poderá levar os perseguidores à condição feliz do perdão e esquecimento das ofensas.

– O plano é perfeito – aparteou Enoque. – Não fosse a mediunidade, ele teria que expiar suas faltas em diversas encarnações, como você já acentuou. Para um grande devedor, uma grande tarefa!

***

Saímos para explorar melhor o caso. Precisávamos acompanhar Camila mais de perto e julgamos oportuno o momento. Desligada do corpo físico, a bela garota e uma entidade feminina encarregada de protegê-la mantinham um colóquio amigável:

– Então, minha neta, já se desencantou de André, seu algoz do passado?

– Estou quase livre dessa atração fatal, vovó, graças às conversas e orientações que recebo da senhora nesses momentos de liberdade. Pena que depois eu não me recorde de tudo o que falamos. Para dizer a verdade não chego a lembrar-me da senhora, nem mesmo como personagem de um sonho.

– Isso não é o mais importante, Camila. Para nós, que queremos o bem de todos, importa que você assuma, aos poucos, os compromissos definidos para esta vida. André não será seu companheiro com vistas à formação de uma família. Ele, que a induziu ao erro no passado, ainda não adquiriu uma moralidade superior e tem muito que aprender no terreno dos bons sentimentos. Você deverá subsidiá-lo, como amiga e companheira, apenas nas tarefas espirituais, somando esforços com Marcelo, Cíntia e Gil. Você encontrará um marido leal dentro da militância espírita, mas não conhecerá uma grande paixão como aquela que já sentiu por André. Paixões vêm e vão rapidamente; o amor verdadeiro permanecerá e lhe dará belos filhos. Aguarde com paciência. Estarei sempre por perto.

Está ficando claro para o leitor que Camila foi desestimulada a se envolver com André, por isso a descrevemos como uma adolescente melancólica, que não entendia o porquê do esfriamento de sua

Um raio de sol em nossas vidas 37

paixão. No passado ela foi uma de suas vítimas, com o agravante de ter amado perdidamente o homem que a seduziu e depois a relegou a um triste destino. Ele ainda não a merece e não corresponderia, com honradez, ao seu afeto. Deverão trabalhar juntos por uma causa nobre, em que ambos terão muito que aprender sobre a pureza do amor. Somente num futuro remoto essas almas poderão se unir como marido e mulher, em circunstância de maior equilíbrio.

Acompanhamos o retorno de Camila ao corpo. Fizemo-lhe aplicação de passes restauradores; a região do centro de força genésico iluminou-se sob o efeito das radiações fluídicas. Era uma alma também comprometida por abusos sexuais, mas demonstrava submissão à orientação espiritual, resultado da confiança no espírito familiar encarregado de seu encaminhamento.

Cabe, nesse particular, uma reflexão com o jovem leitor sobre a eficácia da prece e a comunhão com bons espíritos. Se Camila não tivesse cultivado o hábito da oração, se ela julgasse "careta" e ultrapassado esse gesto, por certo não usufruiria tão dedicada assistência e ficaria por conta de seus instintos. Desavisada, cairia com facilidade na conversa de André e teria reavivado os laços do passado. Puro prejuízo! Estimulamos todos – jovens, adultos e crianças –, a manter colóquios sistemáticos com a Espiritualidade Superior, de onde provêm força, dinamismo, sabedoria.

Jesus insistiu: "pedi e recebereis". A oração é um momento precioso em que se deve pedir pela saúde, felicidade e bem-estar, para si e para os familiares. O bem maior é a vida que Deus nos outorgou para o crescimento espiritual. Qualquer dificuldade é tirada de letra quando estamos revestidos com o escudo da fé e da confiança, lembrando que, do lado de lá, alguém nos ama e tudo fará para promover nosso sucesso como espíritos imortais. Assim sendo, abaixo tristeza, abaixo depressão, a vida é linda e o amor até existe!

***

André, em companhia dos amigos torcedores, comemorou euforicamente a vitória do seu time. A torcida, fiel como sempre, não poupou extravagâncias para realçar o feito do clube do coração. A primeira providência foi parar em um bar, onde a cerveja rolou solta e aumentou a animação. André deixava-se conduzir pela empolgação que não mede consequências. Em grupo os jovens são capazes de realizar façanhas que não ousariam sozinhos. Seguiram para uma rua movimentada e pegaram carona com outros conhecidos. Esquecidos, às vezes, de elogiar o campeão, gastavam grande parte do tempo irritando transeuntes que pareciam ser da torcida contrária. Quanta contradição! Os ânimos ficaram acirrados e a noite terminou em grande pancadaria. Por felicidade ninguém portava arma de fogo; muitos socos e pontapés fecharam, de forma ridícula, o que poderia ter sido mais uma noite feliz.

Na dimensão espiritual também presenciamos um confronto entre desencarnados que tomaram partido, instigando os briguentos, inspirando palavrões e atos de revide. Os espíritos também brigaram entre si; nas baixas camadas evolutivas leva-se para além-túmulo as mesmas torpezas praticadas na vida terrena. Esses irmãos desconhecem as leis do amor e do equilíbrio; são ainda ciumentos, orgulhosos e prepotentes. Formam juntos com encarnados semelhantes uma turma da pesada, promovendo arruaças quando as coisas não acontecem de acordo com sua vontade.

André, por força da mediunidade que estava aflorando, sentiu a aproximação de alguém que o esbofeteou no rosto. Olhou ao redor e só viu alguns amigos. Quem seria? Outra bofetada e ele deu um pulo!

– Que é isso, cara? Já "tá de fogo"? – perguntou, com ironia, o amigo Carlos.

– Não estou nada bem, Carlos. Acho que exagerei na dose. Já são quatro da matina e eu vou para casa.

O amigo nem respondeu porque estava meio embriagado. André seguiu direto para o quarto, depois de passar pelo banheiro para disfarçar os odores da bebida. Enfiou-se sob o cobertor ainda sentindo a impressão de estar mal acompanhado. Não se lembrou de nenhuma oração, mas as preces dos pais e do irmão impediram a entrada do agressor. Do lado de fora, entidade de aura escura emitia pensamentos de ódio contra o garoto. Sem proteção pessoal, pois era um descuidado em matéria de vigilância, ele recebia os dardos mentais de ódio e sentia-se mal, fisicamente. Tanto rolou na cama que acordou Gil, e esse, preocupado, sacudiu-o para saber o que estava acontecendo.

Um raio de sol em nossas vidas   39

– Nada não, apenas uma ligeira inquietação depois da farra com a turma. Parece que alguém quer me dar um murro, não é tolice? Afinal estou dentro de casa, deitado na minha cama!

– Se é tolice não sei, mas considero providencial fazer uma prece. Você me acompanhe mentalmente e procure vibrar com o sentido das palavras, assim como fazemos no centro, tá?

Gil interiorizou-se e, em segundos, estava apto a se comunicar com outras esferas. Sua prece foi mais ou menos neste teor: *"Divino Mestre, pousa tuas mãos de luz sobre nós, teus irmãos menores. Abençoa nossos passos, perdoa nossas fraquezas e enriquece-nos com fluidos de amor e paz. Que possamos ser melhores a cada dia que passa, mais humildes, mansos e generosos. Que saibamos perdoar para sermos perdoados. Que aprendamos a amar para que um dia conheçamos a dádiva do amor. Amigo sublime de nossas almas, envolve esta família num clima de equilíbrio e serenidade. Assim seja."*

– Filetes luminosos caíram sobre o quarto e as manchas pardacentas da aura de André desapareceram. Do lado de fora, o inimigo oculto recebeu uma rajada de luz e disparou numa corrida desvairada. Era a primeira vez que acompanhava André até o lar e não contava com acolhida tão estranha.

– Choque de luz eu não conhecia, "meu"! Esta casa é protegida com alta voltagem. Dificilmente voltarei aqui. Prefiro encontrar-me com esse panaca na rua mesmo, para uma boa briga! – resmungava o irmãozinho assustado, enquanto se afastava.

Sobre a cama André respirou aliviado; a pressão no peito e no estômago desapareceu. Uma onda de felicidade e leveza o envolvia após a oração. Não quis "passar recibo" para o irmão, mas registrou mentalmente um agradecimento pela ajuda. Virou-se para o lado e adormeceu.

Evidente que não teve um sono tranquilo, embora os pais tivessem deixado o garotão dormir à vontade, cientes de que ele voltara para casa ao amanhecer. Ele não era um filho a quem os pais não im-

40   *O Despertar de uma Nova Era*

puseram limites. Cíntia e Marcelo compreendiam a necessidade de liberar um pouco o garoto de 17 anos para saídas noturnas nos fins de semana. Considerando-se então o final de um campeonato, como evitar as fanáticas comemorações?

Em casa, como a maior parte dos pais responsáveis, faziam orações e pediam proteção para o filho mais velho. Sabiam que Gil, com apenas 15 anos, era mais caseiro; por força da pouca idade e sem afinidade com os amigos do irmão, ele preferia a companhia de um bom livro e do computador.

Gil não causava preocupações; na escola agia com desenvoltura obtendo ótimo rendimento; praticava esportes, estudava inglês e informática. Levava uma vida bastante interessante, convivendo com pessoas saudáveis, de corpo e da mente. Conhecia alguns colegas que faziam uso da maconha, mas ele tinha a cabeça feita, não seguiria por caminhos que não desejasse. Aos sábados comparecia com prazer às reuniões da Mocidade Espírita e adquiriu noções bem profundas da Doutrina.

André era mais reticente na conduta, mesmo não sendo considerado mau estudante nem mau filho. Apenas não revelava grandes qualidades de caráter, por não possuí-las. O ser humano é a síntese das suas vivências anteriores, ao longo de milênios. A bagagem que André trazia estava cheia de imperfeições, como já explicamos. Gil, ao contrário, viera para progredir, visto que uma das finalidades da reencarnação é a de impulsionar o progresso espiritual. É sempre mais serena a caminhada de um ser bem resolvido no passado. Os defeitos atuam como um freio na hora das grandes decisões. As virtudes adquiridas agem como mola que impulsiona na direção do bem e de outras conquistas felizes.

***

Em vida anterior Gil e André conviveram como irmãos, sob o teto de Cíntia e Marcelo, os mesmos pais do presente. Por que tanta diferença entre eles?

Respondemos com a própria Doutrina Espírita, que explica a maneira como uma família pode ser formada. Nem todos os membros são da mesma natureza. Cada um traz cicatrizes próprias do passado. Cíntia e Marcelo trazem o sentimento negativo de terem negligenciado a formação de André, por terem sido pais demasiadamente fracos e permissivos. Quiseram retomar a direção desse espírito para melhor orientá-lo. Estarão fazendo um bem enorme ao rapaz e a si próprios. Corrigindo os defeitos do filho estarão eliminando o sentimento de culpa alimentado durante muitos anos. Gil veio para compor o núcleo familiar; é espírito amigo e generoso que aderiu à proposta dos pais. Será um auxiliar precioso nos momentos difíceis que aguardam o irmão.

***

Surpreendemos André num sono profundo, provocado pelo cansaço e excesso de cerveja. O consumo desse produto indigesto está aumentando no país, e os consumidores são, a cada ano que passa, de faixa etária mais jovem. Assim como a maconha é vista como uma porta aberta para outras drogas, podemos considerar o consumo rotineiro do chope e cerveja nos finais de semana como um empurrão para a dependência alcoólica.

> – Baixo teor alcoólico, dizem os defensores das bebidas. Baixo teor de nicotina e alcatrão, bradam os fabricantes de cigarro. No entanto, todos viciam, todos provocam dependência difícil de ser vencida – comentou Enoque, fazendo alusão às propagandas mentirosas que visam apenas arrancar dinheiro do seu bolso, caro leitor.

Quando é proposta uma lei que restringe os direitos de propaganda desses produtos nefastos, que produzem câncer no corpo físico e no organismo social, os legisladores sofrem tamanha pressão dos grupos econômicos poderosos que os projetos de lei acabam sendo engavetados ou sofrem profundas alterações em seus textos. Ao serem aprovados, encontram-se seriamente comprometidos na sua eficiência. A elite empresarial brasileira nem sempre assume compromisso com valores nobres. Quando valorosos representantes se colocam na tribuna para defendê-los, seus discursos não encontram eco em outros setores da sociedade e eles acabam gritando ao vento.

O povo, empobrecido e humilhado por uma péssima distribuição de renda, não tem alcance na voz para se fazer atendido.

42   *O Despertar de uma Nova Era*

Enquanto perdurar essa situação, veremos o predomínio dos mais espertos tirando proveito da ingenuidade e despreparo das camadas sociais inferiores, porque essas mal saíram do completo analfabetismo e não têm acesso aos instrumentos de cultura que beneficiam os ricos.

Somente à custa dos esforços de um grupo pequeno, porém consciente, a mentalidade brasileira poderá mudar em médio prazo. Com a educação aprimorada para todos e os meios de comunicação em mãos mais escrupulosas, veremos raiar um dia mais promissor para nossa terra.

– Agora você se empolgou, Luiz Sérgio. Já não estou vendo o frade de outros tempos, mas um sociólogo preocupado com o destino do país!

– Na "mosca", Enoque! A Bíblia registra que existe hora de falar e de calar; hora de plantar e de colher... Estou na minha hora de falar aos leitores como um brasileiro de coração, que se alegra com o progresso e se entristece com as dificuldades de um povo essencialmente generoso, potencialmente bom, que enriquecerá o planeta com a oferta de grãos e de valores nobilitantes, quando lhe for dada uma orientação segura nos planos político, econômico e social. Concorda?

– Concordo e acrescento: a pátria que é reconhecida pela trindade: – futebol, carnaval e samba –, tem um potencial maior. Grandes vultos passaram por aqui e ainda chegarão a este solo. O povo não perderá a alegria essencial, mas terá oportunidade de desenvolver-se no campo tecnológico e científico. Grandes pesquisas científicas terão raízes em mentes brasileiras, mesmo que essas tenham de buscar recursos lá fora.

– E quantas já não partiram, por não serem valorizadas, por não receberem subsídios estatais, e até por não perceberem salário condizente com seus méritos!

***

Um raio de sol em nossas vidas

É nesse contexto social que André terá oportunidade de realizar sua tarefa redentora. A visita do inimigo oculto evidenciou o início da batalha pessoal que deverá conduzi-lo à casa espírita que os pais frequentam. O inimigo ficou à espreita, pouco distante da residência, certo de que o jovem liberto do corpo sairia para se recompor e frequentar os lugares de sua predileção. Assim aconteceu. Vimos a figura fluídica de André aparecer na rua, tranquilo, como se estivesse no corpo físico. Procurava os companheiros de noitada. Resolvemos interferir em seus planos e nos apresentamos como novos amigos, dispostos a uma conversa séria e necessária. Inicialmente ele relutou em aceitar nossa companhia; depois nos julgou pessoas confiáveis, gente de boa índole, assim pudemos bater um papo.

Falamos de responsabilidades, de compromissos assumidos, de dívidas a serem pagas... Ele ouvia com aparente atenção, mas nós percebíamos que era pura fachada – no íntimo ele considerava tudo uma chateação e não via a hora de se ver livre de nós. Enoque, Samita, Karina e eu nos entreolhamos e concluímos que a melhor maneira de convencê-lo a nos dar atenção seria trazer à sua presença aquele alguém que há tempos o espreitava. Era fácil, porque a entidade estava a poucos quarteirões. Fomos buscá-lo e, para causar impacto maior ao jovem intransigente, fizemos a apresentação:

– André, apresento-lhe Tião.

Não ouvimos resposta. André caiu ao chão num baque surdo. A dose do remédio fora forte, mas ele precisava. Como dissemos, se não fosse por bem...

Tião arregalou os olhos e procurava uma forma de estrangular o jovem. Seu ódio era visível e transbordava em palavras e gestos vis. Amparamos André e o conduzimos a um ambiente adequado, na dimensão espiritual próxima da crosta. Quando pensamos em convidar o obsessor, percebemos que ele estava em nosso encalço. No seu modo de ver estávamos roubando a sua vítima. Tudo saía a contento. Atingiríamos, com a ajuda de Deus, dois bons objetivos: doutrinar um obsessor e convencer um espírito rebelde a iniciar sua formação na Doutrina Espírita, coisa que sua mãe não cansava de suplicar.

Passado o susto André reanimou-se. Contivemos Tião para que ambos não se engalfinhassem numa luta corporal – espírito tem um corpo espiritual! Vencido o estresse inicial que não nos causou surpresa, demos a palavra a Tião para que explicasse o motivo de sua perseguição ao jovem.

> – Esse cara aí – disse, apontando o dedo para o rosto de André – aprontou poucas e boas com minha família no passado. Num momento de fraqueza de minha pobre irmã apaixonada, aproveitou-se dela e depois a abandonou, grávida, relegada à própria sorte. Agora se disfarça de bom moço, mas consigo ver nele o crápula do passado. Prometi vingança e vou cumprir a promessa, custe o que custar.

> – Não sei de nada, cara, não me lembro do que está falando. Estou certo de que tenho sido perseguido e espancado por você, inocentemente – justificava-se André, tremendo de medo!

Interrompemos o diálogo, pois nenhum dos dois teria condições de conduzi-lo com clareza. André não tinha a lembrança do passado, apenas ouvia as ameaças do interlocutor desconhecido. Providenciamos uma rápida regressão de memória para o jovem que estávamos auxiliando. Algumas cenas apenas, entre as quais incluímos a irmã de Tião. O rapaz emudeceu. Só acreditou porque era impossível não crer no que viam seus olhos. Meditou e chorou, porque sentimentos bons estavam desabrochando dentro dele, pelo trabalho reeducativo de Cíntia e Marcelo. A muito custo ele proferiu uma única frase:

> – Eu fiz tudo isto?

Tião lutou contra os laços fluídicos com que restringimos seus movimentos; queria desabafar todo o seu ódio, toda a sua mágoa contra o antigo companheiro. Ele próprio introduziu o falso amigo no local onde se encontrava a "presa", portanto, sua amargura era muito grande. A traição de um amigo é muito dolorosa, compreendemos e lamentamos.

Mostramos ao obsessor que ele também não fora um santo, tinha contas a ajustar com outras pessoas – logo, ambos seriam devedores. Querendo saber por que André se convertera num "covarde chorão" nós explicamos:

Um raio de sol em nossas vidas　　　45

– É o efeito do arrependimento verdadeiro e da formação religiosa que está recebendo da família. Ele pagará o mal que fez com atos de bondade que aprenderá na Doutrina Espírita; terá uma vida de sacrifícios, sem direito à boemia e a descansos prolongados.

– Ele pagará todo o mal que fez durante esta vida apenas? – perguntou Tião, mais descontraído.

– Nesta e em outras mais, se necessário for. Essa é a Lei! Para ajudá-lo estamos trabalhando para colocá-lo em contato direto com os ensinamentos espíritas. Ele precisará educar a mediunidade, para ser útil.

Tião mostrava-se convencido e transformado interiormente. Sabedor de que o rapaz rebelde fugia do compromisso, ofereceu-se para vigiá-lo para nós. O ex-obsessor descobriu uma maneira de castigar André: obrigá-lo a frequentar o Centro Espírita Caminheiros da Esperança. Evidente que não precisávamos desse acréscimo de auxílio, mas entendemos que Tião só teria a ganhar frequentando os cursos evangélicos em companhia de André. Por outro lado teríamos como vigiar os dois! Ainda bem que nossa equipe é numerosa. Leitores curiosos fazem perguntas mentais sobre o tamanho da equipe de jovens. Somos numerosos, é só o que podemos dizer. Novos amigos chegam, enquanto outros assumem tarefas e responsabilidades diferentes, mas estamos sempre a nos rever. "Amigo é coisa p'ra se guardar"!

***

André acordou depois do meio-dia, quando a família se reuniu para almoçar. Seu abatimento deixava transparecer as peripécias vividas durante o sono. Permitimos que ele retivesse na memória os lances mais significativos de seu encontro com Tião, para que se sentisse realmente motivado a mudar o rumo da vida.

Os pais observaram o olhar pensativo do jovem e no íntimo se alegraram com a possibilidade de vê-lo mais sério, mais concentrado nos estudos. Ao lado da família estavam posicionados espíritos amigos que tomariam a condução do caso quando nossa interferência não fosse mais exigida. Com nosso grupo tem sido assim:

auxiliamos na medida do possível e partimos para outras tarefas em qualquer ponto do território, onde uma solicitação é feita em nosso nome. Muitas atividades socorristas são realizadas pela equipe dos jovens, em atenção ao comando de mentores.

No final da tarde, mais refeito, André confidenciou à mãe a ocorrência de pesadelos terríveis e ameaçadores, provindos de alguém que o amedrontava e lhe batia no rosto, chamando-o de "cão traidor". Cíntia, sabiamente, reforçou nossas referências em relação a possíveis dívidas do passado e o estimulou a levar mais a sério sua formação espiritual. Assustado como estava ele não podia esquivar-se.

Na semana seguinte nós o vimos chegando ao referido Centro Espírita para iniciação no curso de educação mediúnica. Não nos surpreendeu a figura que se colocou ao lado – era Tião. Veio acompanhando o amigo infiel para certificar-se de que estava cumprindo o combinado. Até aquele momento Tião experimentava ainda o sabor da vingança; apenas mudava de estratégia. Nos meses que se seguiram Tião policiou os passos de André nos dias de reunião, retirando empecilhos, afastando ideias que poderiam desviar o rapaz de sua rota, de forma que ele não encontrasse motivos para se ausentar. Nós os observávamos discretamente.

Quem disse que os obsessores somente atrapalham? Neste e em outros casos, os inimigos ocultos funcionam como estimuladores das mudanças internas dos encarnados. Tião impulsionava André para frente, quando o jovem achava que poderia encostar o corpo por ter-se doado demais. O assédio de obsessores aos médiuns é fato consumado, quando esses exercem a mediunidade com má vontade, como quem presta um favor a Deus. Mediunidade é compromisso e como tal deve ser encarada.

À medida que frequentava as reuniões doutrinárias ao lado de André, Tião melhorou o padrão do pensamento e, consequentemente, suas vibrações se elevaram. Ambos se reformavam e Tião nem percebia quanta afinidade traziam do passado.

Poucos anos depois, numa reunião mediúnica, André recebeu uma mensagem bastante inspirada de uma Entidade que se dizia envolvida na mesma missão. O companheiro espiritual trazia na voz um tom de carinho e compreensão das mazelas humanas. Prometia dar o melhor de si para o sucesso das atividades futuras do novo médium. Ao final ele se identificou singelamente como o "amigo Sebastião".

Esta história ainda se desenvolve. Se André será um vencedor ou mais um médium fracassado só o tempo dirá. A jornada será áspera, mas o amparo dos espíritos benfeitores jamais lhe faltará.

Desejamos que esse e todos os encarnados envolvidos em tarefas mediúnicas redentoras cumpram o que prometeram, para que, no futuro, possam dizer como o apóstolo Paulo: "combati o bom combate, terminei minha carreira e guardei a fé".

3

A força destrutiva do ódio

Lázaro estava diante do esquife do filho. Era um caixão branco, numa sala de velório pobremente ornamentada com quatro lâmpadas que substituíam as velas, e uma coroa de flores em nome dos colegas da classe e professores. Dentro dele, o corpo de uma criança que mal chegara à puberdade, coberto com flores brancas e amarelas. Era um quadro singelo o velório no mundo dos homens. Havia um outro quadro, numa dimensão diferente, infinitamente mais belo, onde um espírito juvenil, acomodado em leito alvíssimo, repousava sob cuidados de entidades prestativas e carinhosas. Cláudio estava em sono induzido pelas circunstâncias especiais da desencarnação, que promove um torpor característico, levando à sonolência repousante.

A trajetória de Cláudio, assassinado por engano bem perto da escola, fora muito curta – catorze anos incompletos. O motivo da ocorrência trágica estava sendo questionado por moradores e policiais, e os mais desencontrados comentários se faziam ouvir:

- Teria sido uma vingança premeditada?
- Foi por acaso que ele recebeu o tiro fatal?
- Quem sabe algum motivo secreto, alguma atitude suspeita do garoto...

Conjeturas e mais conjeturas eram lançadas no ar, e se constituíam num acréscimo de sofrimento para os pais. A mãe, Angélica, desfeita em pranto, ouvia de longe os comentários ferinos e quase se desarticulava emocionalmente. Avós, primos e tios não atinavam com o motivo do hediondo crime, que privou da existência uma criança alegre e saudável, esperança de tempos melhores para a família de classe média baixa, honrada e feliz com suas pequenas possibilidades financeiras.

Há, em todo grupo social, uma camada carente de bens materiais; seus membros nem sempre são pessoas revoltadas com as aperturas que a pobreza lhes impõe. Ao contrário, vão à luta construtiva, procuram educar da melhor maneira os filhos, preparando-os para o exercício consciente da cidadania que impõe direitos a conquistar e deveres a cumprir. Esse era o perfil de Cláudio e família, batalhadores e esperançosos numa melhora do padrão social, sem violências, sem golpes baixos.

A morte prematura do garoto mudaria o roteiro até então percorrido por eles? A felicidade seria levada ao túmulo e encerrada sob a lápide que acobertaria o corpo do menino? O ódio tomaria vulto dentro do coração dos pais, triturados, naquele momento difícil, como se um possante rolo compressor tivesse passado sobre seus corpos indefesos?

Levantamos essas hipóteses, em vista do que presenciamos em situações similares. Vimos várias vezes e com bastante pesar, a faísca do rancor transformar-se em grande incêndio, devorando consciências e chamuscando vidas. A reação rancorosa aos atos violentos que provocam a desencarnação de familiares tem sido fonte de outras chacinas, de outras mortes violentas.

Em tempo algum vimos a paz brotar de atos vingativos, nem tampouco os vingadores ficarem mais felizes e menos saudosos. "Sangue lavado com sangue" é uma proposta ridícula e contraditória. Violência é fonte geradora de mais violência, num mundo tão conturbado, habitado por muita gente boa, mas, também, por almas perturbadas e doentias.

Associar-se, mentalmente, a seres humanos saudáveis, otimistas, que veem a vida com olhos de alegria, paz e esperança é a melhor, senão a única alternativa. Vincular-se aos grupos de extermínio, de falsos justiceiros, é percorrer a mesma trilha dos criminosos comuns, que matam porque desconhecem o valor imensurável da vida humana.

***

Há milhões e milhões de anos, o corpo físico, que os seres humanos por vezes desvalorizam, teve sua origem no elemento unicelular, criado pela excelsa sabedoria de um Ser, supremo na inteligência e na bondade. Desde então, o processo evolutivo jamais cessou, e a sabedoria dos Técnicos Siderais trabalhou continuamente para que a vida florescesse em tom maior, vibrante, até a criação do espírito humano, capaz de comandar trilhões de células diferenciadas e especializadas em funções diversas. O desconhecimento de tal realidade leva à banalização da vida. Destrói-se, em minutos, um corpo que a natureza, sob o comando superior, levou séculos sem conta para moldar.

A máquina de carne é perfeita; o microcosmo orgânico é de uma riqueza de detalhes que escapam a todos os artistas, engenheiros e arquitetos. Quão pouco valor se tem dado a ele nesse momento histórico em que vivemos!

Orienta-nos a Doutrina Espírita, que o comando evolutivo do ser humano está entregue nas mãos da essência espiritual, plasmadora da forma física, de acordo com o nível de perfeição que lhe é particular e intransferível. Nas idas e vindas, nessas viagens do mundo físico ao espiritual e no seu reingresso à carne por meio da reencarnação, aprimoraram-se as faculdades dos humanos, que continuarão a caminhada de progresso incessante em busca da perfeição relativa.

Interromper essa jornada por vontade própria é crime hediondo. Aquele que fere de morte um corpo, com frieza e premeditação, desconhece a existência da alma e sua sobrevivência; não tem a menor noção de sua responsabilidade perante a Lei divina; não imagina a quantidade de dor que está à sua espera quando tiver de fazer o ajuste de contas. Nenhuma dívida ficará sem ressarcimento. Não haverá perdão nem castigo, apenas o cumprimento exato e fiel da Lei de causa e efeito.

O choro e ranger de dentes, tantas vezes citado por Jesus, é a expressão mais autêntica da justiça divina, que colocou dentro de cada criatura um juiz severo e implacável: a consciência. Quando ela desperta, não há quem possa fazê-la calar-se. Ela estará sempre apontando acertos e erros; seu brado será forte e ninguém poderá silenciar uma consciência culpada. Como essa consciência também vem passando por um processo de elaboração milenar, encontramos entre nós pessoas mais ou menos conscientes, daí o sofrimento que nos atormenta nos dias atuais. Convive-se com diversos tipos de criaturas, de índole boa ou perversa, generosa ou egocêntrica, mansa ou agressiva...

Saber lidar com a diversidade é uma arte desejável; contornar situações difíceis, sem se envolver com o ódio, é uma virtude a ser trabalhada com paciência e perseverança.

***

Diante do cadáver do filho, Lázaro e Angélica voltaram-se mentalmente para o passado, para o dia em que o pequeno Cláudio chegou ao lar, iluminando-o em seguida com o sorriso fácil, o balbucio das primeiras palavras, a insegurança dos primeiros passos.

"Quem se julgou no direito de interromper essa sequência de fatos felizes? Por que Deus permitiu esse desfecho infeliz?" – questionavam, em silêncio, os pesarosos pais. Ao buscar o nome de Deus, o casal encontrou o conforto da oração. Chuva de fluidos balsamizaram aquelas almas. O processo de cicatrização das feridas emocionais começou naquele instante. Aproximando-se do marido, a mãe ponderou em voz alta:

– Deus nos deu, Deus nos tirou – inconscientemente ela se reportava à fala do personagem bíblico, Jó, famoso pela demonstração de fé e resignação diante da dor.
– Homens maus destruíram a vida de nosso filho, Angélica, mas acredito que, se não fosse chegada a hora, Deus encontraria uma maneira de poupá-lo para nós.

Pai e mãe se abraçaram diante do corpo sem vida e viram chegar o momento mais doloroso – o da separação definitiva. O corpo do garoto foi colocado numa cova simples, que receberia depois uma

A força destrutiva do ódio

lápide singela, com a inscrição inspirada dos pais: "Aqui descansa um corpo cuja alma subiu ao céu".

Nunca houve afirmação mais verdadeira. Não estamos falando de um paraíso, realidade que desconhecemos. Referimo-nos a um local magnífico, para onde foi levado Cláudio-espírito. A passagem rápida pelo mundo foi motivada por um grande entusiasmo de sua parte. Tencionava influenciar positivamente um grupo familiar e comunitário, e conseguiu. A partida de forma trágica manteria para sempre, na lembrança, seus gestos de compaixão com os animais, seu devotamento afetuoso às crianças da escola e vizinhança, o respeito aos pais, professores e idosos. Ele viveria sempre na memória dos colegas e amigos íntimos; não deixaria sequer uma recordação ruim.

Como esclarece o Evangelho, as pessoas de bem podem ir mais cedo para o reino da luz; as almas devedoras precisam de muito mais tempo para se reajustar com a própria consciência. Não estamos santificando nosso personagem; sabemos que a santidade está distante dos sítios poluídos do planeta. Reiteramos que Cláudio era um espírito com boa evolução, que não precisava, naquele momento, de uma vida longa e exaustiva para cumprir sua missão: despertar a sua comunidade, o seu lugarejo, para valores permanentes. A dor dos familiares fazia parte do processo regenerador que promove o alívio da consciência.

Abrimos um parêntese para reforçar afirmações que temos feito sobre a dor, essa companheira de longas horas, longos dias ou anos. No plano da expiação de culpas e resgate de dívidas sempre contaremos com essa presença indesejável, a estimular-nos para a mudança de comportamento, em nosso próprio benefício. Nem toda a dor é expiação; ela pode ser resultado das condições desfavoráveis do planeta quanto à higiene, à poluição, ao uso de agrotóxicos e tantas formas modernas de agressão ao organismo humano. Sob qualquer aspecto que se apresente ela estimula a reflexão, a tomada de consciência, em suma, a aquisição da sabedoria. A reação de uma pessoa frente à dor física ou moral revela o grau de seu amadurecimento espiritual.

Angélica e Lázaro encontraram, dentro de si, forças para superar o trauma. Eram espíritos que se prepararam para o momento difícil. Traziam no subconsciente a intuição de uma responsabilidade:

54   *O Despertar de uma Nova Era*

inspirar aos moradores do lugar o mesmo sentimento que animava o filho. Assim ele não estaria morto, suas vibrações permaneceriam para sempre envolvendo os que ficaram.

***

A polícia investigava o móvel do crime e se deparava com uma incógnita: a família e o garoto eram pessoas íntegras; nada apuraram que pudesse justificar o ato bárbaro. Pesquisaram um pouco mais e deram o caso como insolúvel.

No mundo espiritual fizemos uma visita a Cláudio e o encontramos completamente recuperado. O trauma não deixara sequela porque estava dentro de uma programação. Em poucos dias sua lucidez era plena e o garoto se nos apresentava como um jovem mais amadurecido, beirando os 20 anos.

– Como se deu essa transformação? – perguntou Celeste, uma nova companheira.

– São as misteriosas faculdades anímicas, Celeste – respondeu Enoque, acrescentando: o corpo físico é lento no seu crescimento, por imposição das leis biológicas. O corpo espiritual supera qualquer expectativa humana e pode transmudar-se sob a ação da energia mental. Bastou, para Cláudio, recordar a existência anterior, para que suas faculdades, desimpedidas devido ao grau de evolução, fizessem-no assumir a aparência do jovem que vemos à nossa frente.

– Se ele quiser se mostrar para um dos seus, retomará a aparência do garoto que desencarnou, para ser identificado e reconhecido – completei.

– Ele vai procurar esse contato? – insistiu Celeste.

– Esteja certa disso. Sua tarefa não está concluída. Agora começará outro capítulo na história de Cláudio, Angélica e Lázaro – considerou Enoque, afastando-se para outras visitas.

Aproximando-me de Cláudio, convidei-o para um passeio no parque. Árvores frondosas deixavam a tarde mais alegre, a temperatura amena e um gostoso cheiro de flores e resinas. Perguntei quais eram seus projetos futuros, colocando-me à disposição para todo e qualquer auxílio.

– Tenho um projeto em ação conjunta com aquela comunidade, Luiz. Era necessário que retomasse à carne, convivesse com eles e me tornasse estimado naquele meio. A minha volta precisava ser envolta em mistério e lágrima, para despertar os melhores sentimentos nos que ficaram. Estou ciente de que não fui esquecido, de que na escola todos comentam sobre minha vida. Alguns falam bem demais, coisas que não mereço, mas isso facilitará meu regresso.

– Como? Voltar à carne?

– Não, amigo. Voltar da forma que você voltou; como voltam tantos espíritos todos os dias, em busca de um contato mediúnico. Nesse ponto sua experiência me será de grande valia. O auxílio que você me ofereceu será bem-vindo!

– Fale mais sobre seus planos, Cláudio. O quê, de fato, pretende realizar?

– Meus pais terrenos foram predestinados à mediunidade, que deverá aflorar pouco a pouco, à medida que forem sentindo minha aproximação. Não farei isso sozinho, mas com outros espíritos afins envolvidos nesse projeto. Embora frequentem o culto católico, não terão dificuldades em buscar orientação numa casa espírita. Desenvolvidos mediunicamente, o intercâmbio será intenso e poderei falar-lhes dos nossos propósitos. Eles ouvirão outros mentores e daremos início a uma ampla reforma moral, social e religiosa no meu pequeno torrão natal.

– Magnífico plano, Cláudio. Ajudaremos no que for preciso, embora pressinta que vocês já estão bem estruturados. No fundo você quer me ajudar relatando essa bela aventura, adivinhei?

– Também isso está nos nossos propósitos. Ter alguém do seu gabarito fazendo essa reportagem é bom demais, companheiro!

Entendemos o motivo de nossa aproximação naquele bairro pobre, onde a violência gratuita ceifara mais uma vida. Desta vez o caso não estaria simplesmente encerrado dentro da gaveta de uma escrivaninha, num distrito policial qualquer. O seu desdobramento espiritual seria importante para o progresso daquele grupo minoritário, desconhecido dos governantes, mas lembrado pelos mensageiros do bem, que providenciam um outro tipo de desenvolvimento – o das faculdades da alma.

***

A primeira aproximação de Cláudio aconteceu por ocasião da missa de sétimo dia, celebrado pelo pároco amigo da pequena comunidade. Muitas lágrimas represadas afloraram e o pensamento de todos voltou-se para o garoto extrovertido e tranquilo, que corria e brincava com os moleques do lugar até há poucos dias. Uma comitiva espiritual fazia-se presente no corredor central da pequena igreja e procurava inocular nos presentes o bálsamo da consolação e a força da fé. Tarefa das mais importantes era deslocar o foco dos pensamentos, de desejos revoltados de vingança, para a serenidade da resignação.

A força destrutiva do ódio é bem visível nos momentos atuais, quando ofendidos e ofensores se engalfinham numa luta feroz, apenas invertendo-se a posição. Os que hoje sofrem a ofensa imediatamente premeditam o revide, passando de vítimas a agressores. Depois de algum tempo já não se consegue saber quem atirou a primeira pedra, e, na visão do Alto, todos são culpados. No oriente brotou uma gigantesca Luz, que ainda não conseguiu iluminar a própria região, palco de lutas estéreis, que serão intermináveis até que todos os envolvidos compreendam a força agregadora do amor e repudiem o ódio, o rancor, o despeito, o ciúme e a intolerância.

Estaria a humanidade, hoje, em piores condições do que no passado? Afirmamos que não. Os frutos que colhemos e que por vezes parecem apodrecidos, resultam da inferioridade humana que está aflorando à superfície para ser corrigida e aprimorada segundo os preceitos do Cristo, cujos ensinamentos de há muito extrapolaram as fronteiras orientais e estão sendo sintetizados por todas as culturas, em cada uma na medida do próprio discernimento.

A força destrutiva do ódio   57

Existe demora na assimilação desses valores porque é próprio do homem repelir aquilo que contraria sua natureza animal, predisposta à posse material, ao domínio do território, ao egoísmo que só enxerga os próprios interesses em qualquer situação. Demora não significa ausência perpétua de mudança. Pouco a pouco ela acontece e o progresso intelectual forçará o avanço moral.

O desenvolvimento das ciências derrubou tabu e preconceitos. A humanidade, de modo geral, está agora melhor aparelhada para entender e buscar o que lhe faz bem, repudiando o que prejudica o organismo físico e social. Um pouco mais de tempo e as nuvens escuras das guerras, dos tóxicos e da violência se dissiparão na psicosfera terrena, pois estamos certos de que o ser humano, mesmo aos tropeços, está em busca e alcançará a sabedoria.

Naquela igreja uma assembleia reuniu-se para rezar, enquanto amigos invisíveis procuravam afastar qualquer sentimento menos condizente com esse objetivo. Cláudio abraçava os pais que passaram a sentir sua presença com grande força – era quase uma presença física. Os presentes foram envolvidos numa atmosfera de paz, o que possibilitou o retorno ao lar com a alma leve, muito feliz.

O primeiro contato fora estabelecido no espaço central de uma igreja cristã que não aceita a comunicação dos mortos, embora, por inúmeras vezes, tenha admitido a manifestação espiritual dos chamados santos, de Jesus e de sua mãe Maria. É uma atitude que contraria o senso crítico de pessoas afeitas ao raciocínio lógico, caso de Lázaro e Angélica. Eles comungavam do ideal cristão proposto pelo pároco que conheciam e respeitavam, porém, sem abrir mão de pensar pela própria cabeça e tirar a conclusão mais óbvia nesse caso: o filho esteve presente naquela reunião. Não sabiam de que maneira o fato se deu, mas alguém havia no lugar capaz de explicar o fenômeno.

Recorreriam a dona Almerinda, senhora de meia-idade, conhecida por seus dotes de benzedeira. Em suas conversas a boa senhora deixava transparecer que fazia suas rezas em companhia de bons espíritos, que a auxiliavam nos diagnósticos das enfermidades e sugeriam os chás e xaropes que ela mesma preparava.

***

58   *O Despertar de uma Nova Era*

Na mesma tarde o casal procurou a benzedeira, que nós sabemos tratar-se de uma médium bem aparelhada com clarividência e clariaudiência, sob o comando de um mentor severo que exigia disciplina, desinteresse material e muita dedicação ao próximo.

– Queremos entender, dona Almerinda, o que se passou conosco durante a missa. A sensação da presença de nosso filho foi muito forte, mas não obteríamos qualquer informação em nosso meio religioso, a senhora compreende...

– Sim, Angélica, eu compreendo e confesso que, se vocês não viessem a mim eu acabaria por procurá-los, para descrever a beleza do que vi e ouvi.

– Mas a senhora esteve lá? – perguntou Lázaro, surpreso.

– Por que não, amigos? O momento era de oração e não importa o lugar onde se reúnem as pessoas. O que vale mesmo é a intenção reta e eu compareci com a maior vontade de desejar ao nosso menino muita luz e muita paz. O que vi, porém, deslumbrou-me. Não é ele que precisa de oração, pois me apareceu rodeado de belas entidades, feliz e sorridente, confidenciando-me uma missão.

– A senhora então confirma que ele esteve ao nosso lado, da maneira que descrevemos?!

Angélica, como todo encarnado quando se trata de manifestações espirituais, buscava uma confirmação. Agia com escrúpulo e sensatez e recebeu da responsável senhora uma resposta taxativa, que poria fim à sua insegurança:

– Eu o vi, amiga, com aquela camiseta nova e a calça "jeans" de que tanto gostava. Ele se aproximou de vocês, sentados no banco da frente, e se colocou entre os dois, abraçando-os de uma só vez. Permaneceu assim durante todo o ofertório (momento da missa em que o sacerdote oferece o cálice e a hóstia). Naquele instante, por meio de uma percepção mental, eu o vi oferecer a Deus uma nova tarefa no mundo físico, como complemento à sua curta existência. Cláudio ofereceu também o empenho de todos os que a ela vão

A força destrutiva do ódio 59

se dedicar, suplicando a Deus bênçãos e auxílio. Ele estava envolto numa luz suave que se espalhou pelos primeiros bancos, onde se sentavam os familiares e amigos mais chegados. Como é de praxe, quando vou à igreja procuro o último banco. Dali pude presenciar a cena maravilhosa, como se assistisse a uma fita no cinema. Tudo por vontade de Deus, e minhas faculdades nunca estiveram tão lúcidas!

– Fale mais, dona Almerinda – insistia Lázaro com visível ansiedade.

– Não tenho muito mais a relatar, meus amigos. Cláudio voltou-se para mim, sinalizando-me com um compromisso pessoal numa tarefa que está para acontecer. Em seguida, aproximou-se de todos os que estavam presentes e se afastou junto com seus amigos do espaço.

– Para onde foram, dona Almerinda?

– Para outra dimensão, Angélica. A visão se dissolveu e o pouco que conheço sobre o mundo dos espíritos diz que se trata de uma dimensão diferente, com vibrações diferentes. Entendo que a distância não é física, que não poderia ser expressa em quilômetros, vocês acompanham meu raciocínio?

– Bem, mais ou menos – responderam timidamente os pais.

Na verdade eles nada entendiam do mundo espiritual. O Cristianismo precisava dos esclarecimentos dos espíritos a esse respeito. Jesus confidenciou muitas coisas aos apóstolos, em separado do público, porque o povo, grosseiro e ignorante, não estava preparado para entender certas sutilezas da alma. Certamente seus discípulos mais chegados foram iniciados em verdades que só agora podem ser ventiladas e divulgadas com maior desenvoltura. Tudo tem o seu tempo e Jesus soube respeitar o nosso.

Se hoje ainda tropeçamos na letra da palavra divina, que dificuldades intransponíveis não teria o povo enfrentado há dois milênios?! Às crianças se oferece alimento infantil; à medida do crescimento humano a alimentação precisa ser mais substancial. Quem tiver disposição para ouvir e aprender tem ao seu dispor as obras essenciais

60 *O Despertar de uma Nova Era*

de Kardec e muitas obras sérias que explicam e dão continuidade à doutrina, sem levantar contradições inúteis.

***

A procura de informações por parte de Lázaro e Angélica estava prevista por Cláudio, que esperava encontrar em Almerinda, a boa medianeira, uma orientadora ideal para seus inexperientes pais. Daquele momento em diante seriam parceiros constantes numa tarefa a concretizar: levantar fundos para uma creche beneficente, para que nenhuma criança do bairro permanecesse na rua, à mercê de influências ruins, longe de livros e cadernos.

Na opinião de Cláudio sempre faltou ao lugar onde nasceu uma atitude de maior interesse por parte dos administradores, o que não constitui uma novidade. Se o poder público deixava a desejar, nada impediria que os moradores se unissem e somassem esforços, dentro das possibilidades que apresentavam. Com o correr do tempo pequenos empresários e comerciantes compreenderiam o alcance da iniciativa privada e colaborariam para valer, transformando a singela instituição numa moderna escola de cunho profissionalizante, com abrangência de nova faixa etária estendida até os 18 anos.

Projeto audacioso, o do nosso amigo Cláudio. Com a força de sua imagem, que não seria esquecida, os parentes e amigos iniciaram uma longa batalha para conseguir dos órgãos municipais um terreno, ali mesmo na periferia. Levantar o prédio seria a batalha seguinte. As senhoras envolvidas arregaçaram as mangas e se organizaram para recolher donativos: tijolos, cimento, telhas, madeira e tudo o mais de que necessita uma construção simples, dentro das regras da legalidade. A mão de obra viria da própria comunidade, em regime de mutirão. A espiritualidade que comanda o projeto inspiraria os responsáveis para a reserva de uma área, que serviria a futuras instalações.

Os adolescentes e jovens, ao deixarem o ambiente escolar, não teriam a rua como única opção. Não ficariam vulneráveis aos repassadores de drogas, nem gastariam o tempo na ociosidade que gera muitos vícios.

A força destrutiva do ódio 61

- É um belo projeto, Luiz Sérgio – interrompeu Celeste. – Será que vai dar certo?
- Aposto que sim, pois o planejamento é coisa séria e espíritos elevados estarão à frente dessa obra. Toda obra que visa ao bem é encabeçada por entidades sábias, que escolhem a dedo os colaboradores do plano físico e coordenam os esforços de todos no rumo certo. Só haverá falhas se os encarnados não compreenderem o alcance social do empreendimento. Nesse caso, ainda, os espíritos poderão intervir, iluminando as mentes e inspirando novos colaboradores. É assim que vemos multiplicar no solo pátrio tantas instituições de amparo à infância, à velhice, às pessoas doentes ou portadoras de deficiências físicas e mentais. É a lei do amor exercitada sob as mais diferentes facetas.
- Por que Cláudio precisou da desencarnação para promover essa mudança nas condições de vida do bairro? Não poderia ter feito o mesmo se estivesse encarnado? – insistiu Celeste.
- Para sensibilizar uma comunidade de almas egoístas, Celeste, preocupadas somente com seu dia a dia. Tendo desencarnado da forma como ocorreu, amigos e familiares levaram uma sacudidela em suas emoções. Compreenderão, agora, em maior profundidade, o valor da vida humana, rica ou pobre, e não desejarão para os descendentes uma morte trágica como a de Cláudio. Serão mais sensíveis aos problemas da localidade depois que sofreram uma perda afetiva significativa. Existem casos assim, em que os espíritos retornam e influenciam os pais no caminho da caridade fraterna. E não só após mortes violentas; para exemplificar, veja quantas instituições não oficiais de amparo aos portadores de AIDS têm surgido ultimamente.

***

Enquanto as coisas tomavam um rumo certo na perspectiva espiritual, fomos analisar a situação do bairro no que dizia respeito à repressão policial. Meses haviam passado e as autoridades não conseguiam solucionar o mistério que envolvia a morte de Cláudio. O garoto foi morto no percurso entre a casa e a escola. Foi uma bala perdida que achou a direção do coração do menino, fulminando-o instantaneamente.

Um acerto de contas entre dois traficantes, Osório e Romualdo, provocou a tragédia. Eles discutiam, num terreno baldio, sobre uma dívida a ser paga por Osório, quando este, sem escapatória por haver perdido o dinheiro no jogo, sacou o revólver e atirou. Uma única bala disparada na direção errada! O assassino assustou-se e embrenhou-se pelos terrenos vizinhos, saltou muros e transpôs barrancos, livrando-se do flagrante e da reação de Romualdo.

As coisas continuaram quentes entre os dois, que mantiveram certa discrição com medo de serem denunciados pela morte do garoto. Continuaram traficando os entorpecentes que buscavam no morro, mas não tiveram coragem de frequentar o bairro onde se deu a tragédia que narramos. Ficavam "engasgados" quando se lembravam do ocorrido e parece que a morte de Cláudio produziu um excelente resultado: afastar dois criminosos do contato com a juventude do lugar.

Os planos da espiritualidade estavam se concretizando em várias frentes. O tráfico de entorpecentes, que serviu de instrumento para ceifar a vida de Cláudio, era uma praga a se alastrar pelo ambiente físico, desviando jovens do bom caminho, alguns pela dependência química, outros pelos seus efeitos colaterais: desvio de conduta, agressividade descontrolada, desvios sexuais e tantas aberrações comportamentais que não precisam ser descritas. A morte de uma criança carismática teve o dom de revolver o lixo estagnado na comunidade. Esse lixo ali se acumulou durante décadas de abandono da infância à própria sorte, sem assistência familiar e educacional.

Famílias excessivamente carentes de poder aquisitivo por vezes tornam-se negligentes com as crianças; não recebendo suporte do Estado para subsidiá-las na tarefa de educar, ajeitam-se como podem

A força destrutiva do ódio   63

e, na maioria das vezes, os filhos fogem para as ruas onde se prostituem em contato com a escória da sociedade.

Se esse mal tivesse sido atacado no nascedouro quando alertamos, enfaticamente, nos primeiros livros que lançamos, a situação seria bem outra. Parece-nos que os seres não caminham sem o empurrão da dor; agora que a violência atingiu os bairros ricos habitados pelos privilegiados da fortuna, a grita se tornou geral. Com certeza, a blindagem dos carros não servirá para conter a violência provocada pelo desacerto da estrutura social.

Algumas vozes mais iluminadas estão alertando para a verdadeira segurança pública, que exige condições mínimas para a sobrevivência do todo. Ainda uma vez nossa mente se volta para o Sábio da Palestina, que ordenou dar a Deus o que lhe pertence por direito, e aos homens o que é inerente à sua natureza: o direito à vida, à saúde, à educação, à alimentação, à moradia. Distribuir melhor a terra e o pão, expandir as fontes de produção agrícola e industrial, promovendo aumento de empregos e de renda!

— Atacou o filósofo do povo novamente, Luiz Sérgio? Nunca o vimos mais inflamado na defesa dos direitos sociais!

— É isso aí, Enoque. De vez em quando sinto vontade de erguer a voz e clamar aos céus, assim como fez João Batista no passado. Ele preparava o caminho do Senhor; nós podemos e devemos preparar o planeta para o advento da regeneração. Todos clamam por dias melhores, mas poucos contribuem para essa melhora. Quer ver um exemplo? Quantos empresários que se dizem cristãos – e alguns são até espíritas –, não pagam um salário justo àqueles que colaboram para o sucesso da empresa? É fácil falar em justiça social, difícil é expressá-la em gestos de fraternidade! Somos uma voz pequenina, todos nós da equipe dos jovens, mas não deixaremos de apontar os erros que sabemos retardar a evolução da pátria do Evangelho. Pouco a pouco, outras vozes que fazem essa denúncia (nós não temos a pretensão de sermos os únicos nem os primeiros) se tornarão mais fortes e seu grito ressoará nas assembleias dos governantes, que não terão outra saída senão o aperfeiçoamento das leis civis.

– E assim caminha a humanidade, frade! Entendemos e referendamos seu desabafo íntimo em forma de protesto. É a maneira que temos de dizer aos irmãos na carne que os amamos, que nos preocupamos com eles e que juntos, entrelaçados na força do amor, vamos torcendo por dias melhores, mais tranquilos e saudáveis para todos.

– Saiba, Enoque, que se sofrêssemos a censura do Plano Superior, por certo haveríamos de nos abster de falar com franqueza e com todas as letras. O amigo sabe que não é assim, que temos o apoio de grandes espíritos, mais experimentados que nós na correspondência com os encarnados. Temos o maior modelo, Jesus, que nos ampara com sua força quase divina e nos ilumina com os ditames do Evangelho. Ele não permite que se subtraia um til ou um ponto dos seus ensinamentos. Ele é claro, preciso, objetivo. A humanidade, sim, é que se utiliza de meias palavras como se existissem meias verdades.

Entendemos que o interesse pessoal fala muito alto entre os seres humanos. Alguns são desprovidos de conhecimentos, ignorantes das coisas do Espírito; outros são falsos e dissimulados, distorcem os sublimes ensinamentos do Cristo a seu favor, independentemente do lugar que ocupam na esfera social. Ricos e pobres podem ser afetados de igual maneira pela ganância.

***

Na comunidade onde se estabeleceu a família de Cláudio vivem diferentes tipos de pessoas: as que têm mais posses, sendo algumas até generosas, em convívio com pobres cheios de revolta e desesperados pela ascensão social. Aqueles que não se satisfazem com as próprias possibilidades de progredir correm o perigo da contaminação mental, que pode induzi-los a atitudes condenáveis como o tráfico de drogas, a cobrança de propinas e outros meios desonestos de conseguir dinheiro. Conduzir essas mentes para verdades essenciais, como o respeito e amor ao próximo, é fundamental para o alcance do progresso tão desejado, que beneficiará a todos sem distinção de cor, sexo ou saldo na conta bancária.

***

Osório e Romualdo afastaram-se definitivamente do local do crime. Os jovens dedicados ao tráfico de entorpecentes não tinham, até então, envolvimento com crime de morte. Osório sentia-se o mais culpado, por ter puxado o gatilho. Romualdo sabia que estava selada a sua participação como cúmplice e a situação ainda mais o irritava contra o parceiro. Para maior segurança ambos se refugiaram em pontos geograficamente opostos, abandonando de vez o precário contato familiar. Sem o conforto afetivo que, bem ou mal, alimenta a alma de energia saudável, os dois iniciaram um caminho sem retorno, mergulhando de vez no quartel-general do crime, sediado em morros diferentes, sob chefias conflitantes. Dessa forma Osório sentia-se mais seguro em relação a Romualdo, esquecendo-se de ponderar sobre a rivalidade entre os dois comandos.

Na grande metrópole as facções criminosas se rivalizam porque disputam o mesmo mercado consumidor. Quem demonstrar maior poder de organização e força bruta fica com a fatia maior desse triste e malfadado "bolo", no qual se transformam todos os infelizes dependentes químicos.

Um dia se deu o inevitável confronto entre os grupos, num final de semana sangrento, que serviu de material estupendo para as manchetes de jornais. Osório jazia tombado ao solo junto com quatro companheiros, todos em franca agonia. Então ele se lembrou do tiro que desfechou contra Romualdo e que vitimou um garoto inocente. Grossas lágrimas de arrependimento rolaram pela face do jovem de apenas 17 anos, tão comprometido espiritualmente. Sentindo a aproximação certeira da morte, fixou o pensamento em Cláudio e fez uma surpreendente rogativa: "ajuda-me, Claudinho, pelo amor de Deus!" Seus olhos fecharam-se para sempre neste lado da vida.

Os fluidos pesados dessa pobre alma não lhe permitiriam o ingresso numa região luminosa, de imediato. O socorro, porém, não falta àquele que pede com convicção. Socorristas que assistem a esses desfechos quase nunca podem auxiliar. Dos quatro desencarnantes somente o criminoso elevou suas vibrações na reta final; inconsciente, foi carregado para uma instituição bem próxima da crosta terrestre, onde, depois de exaustivo processo depurador, seria reconfortado com um encontro muito especial, visto que Claudinho era seu primo!

Para o sucesso do socorro muito contribuiu a intercessão de Cláudio. O final quase feliz de Osório se deveu ao remorso que carregou consigo, às lágrimas que derramou secretamente e aos intermináveis pedidos de perdão à vítima. Não que precisasse, pois o ódio nunca se instalou na alma límpida de Cláudio. Ele sempre esteve por perto, tentando intuir para orientar. Se as coisas não ocorreram da melhor maneira, se não foi possível arrancar o primo das peias do crime, pelo menos puderam – ele e socorristas amigos –, recolher o espírito aflito e aguardar o seu doloroso despertar.

– Doloroso mesmo – anuiu Enoque. – O socorro que chegou em boa hora livrou-o de perseguições externas, mas não o balsamizará por dentro. Ele viverá o tormento da culpa até que tenha exorcizado os fantasmas que lhe provocam medo, ansiedade, angústia e remorso.

– 'Concordo, amigo, e acrescento: podemos fugir dos inimigos e talvez consigamos esconder-nos por longo tempo. Todavia, quem logrará fugir de si mesmo? De sua própria inferioridade moral?

Não se iludam os leitores – haverá muito ranger de dentes na trajetória espiritual de Osório. Ele plantou cizânia no lugar do trigo e, no tempo apropriado, sua consciência terá de ressarcir todo o mal que fez aos seres humanos, enriquecendo-se com a desgraça alheia, ganhando o pão de cada dia à custa da destruição de lares e de vidas. A misericórdia divina nunca falta, mas é exercitada pelas mãos severas da Justiça. Como costumamos afirmar: a cada um, segundo suas obras.

***

A força destrutiva do ódio   67

Romualdo continuou seu percurso sombrio até que um dia, por meio de uma denúncia anônima, caiu nas malhas da lei. Não sabemos avaliar se ele seria mais infeliz morto ou vivo naquele amontoado fétido de presos, vulgarmente conhecido como presídio.

O acréscimo de sofrimento imposto ao condenado é um ultraje à própria natureza humana. Os que cumprem a pena e saem com algum vigor físico são verdadeiros farrapos morais. A prisão que não reeduca corrompe ainda mais o indivíduo.

Presente ao meu lado, Enoque lembra que esse assunto tem sido bastante debatido. Há quem pergunte sobre os direitos humanos das vítimas. Não alimentamos polêmicas; apenas pregamos o Evangelho de Jesus como um referencial perfeito de amor, tolerância e perdão. Insistimos também na valorização da vida e na finalidade da reencarnação, que promove a completa harmonização dos espíritos com as leis divinas. Se na terra há muita sombra, por que não lançar sobre as trevas um pouco de luz?

***

Cláudio mantém contínuo intercâmbio com os pais, por intermédio de dona Almerinda. Lázaro e Angélica educaram a mediunidade sob a orientação da dedicada senhora. O grupo mediúnico foi crescendo e novos companheiros surgiram, esperando sempre a palavra de conforto que Cláudio transmitia por meio da psicofonia de Almerinda. Aos poucos a mãe começou a escrever, com a certeza de que o filho ditava as mensagens. Ela e o marido estão adquirindo segurança mediúnica.

A construção da creche está em fase de acabamento e a felicidade é geral.

Familiares e amigos de Cláudio jamais souberam quem foi o assassino, mas guardam para si alguma suspeita. Cientes de que a morte é apenas um passaporte para a vida espiritual, ninguém alimenta mágoas ou rancores, nem mesmo os sofridos pais, que agora se veem às voltas com a matrícula de numerosas crianças, filhas da alma, que não substituirão o filho querido, mas plenificarão o coração de contentamento e de uma serenidade nunca experimentada.

Angélica e Lázaro descobriram a força construtiva do amor e, com toda a certeza, jamais deixarão de amar e de ser amados.

Agradecemos ao novo amigo Cláudio a oportunidade de relatar esta comovente história. Que o amado Mestre e Amigo o envolva com luzes radiantes, possibilitando, a ele e seus devotados colaboradores, a consecução de mais um projeto que visa à iluminação gradual do planeta em que habitamos.

Propostas de paz

Emerson, um jovem no apogeu dos 19 anos, universitário, porte atlético, carro do ano: pensam que estamos descrevendo um cara feliz? Por incrível que pareça, com todos os atributos descritos, Emerson é uma pessoa sofrida, seu ego está lá no pé – expressão que seu grupo utiliza para dizer que está deprimido, que não está satisfeito consigo mesmo, nem com a vida que está levando.

Nesse aspecto concordamos com o garotão: sua vida não está com nada! Sabem o que ele esconde debaixo da camisa? Sinais recentes de picada de agulha. Enfermo não está, pelo menos no sentido usual do termo. Nada há que o obrigue a tomar injeções; logo, do que se trata? Já podem imaginar – ele está sendo iniciado no uso da droga injetável e a consciência está pesada. Que dizer aos pais, professores, amigos mais sensatos, que não aprovam a curtição desse "barato" que acaba custando muito caro, pois custa o preço de uma vida?

Ele está refletindo, o que é bom sinal. A dependência, depois de instalada, anula a capacidade de julgamento e análise justa da situação. As coisas que começam devagar atingem uma velocidade inimaginável e então é tarde para usar o freio. A dependência, quando se firma, encontra mil motivos para justificar a necessidade da droga. Ele ainda não está nesse ponto, mas chegará, lamentavelmente, se continuar nessa experimentação.

A mãe entra no quarto e comove-se com o estado depressivo do filho. Aproxima-se e faz um carinho em sua cabeça, estimulando-o a se abrir para uma conversa franca. Ela e o marido acompanham os passos do rapaz e já perceberam que algo estranho está entrando na vida do garoto.

— Fale, meu filho, o que o perturba. Percebo em você uma mudança de humor que não se justifica. Qual é a novidade que está se impondo a você, e que o torna tão infeliz?

— Nada não, mãe. Estou "amarrando um bode" por causa de algumas aulas complicadas...

— Você nunca demonstrou problema de aprendizagem em toda a vida escolar; qual seria a causa de seu fraco rendimento agora: drogas?

Emerson estremeceu. A pergunta direta da mãe, Amélia, quase lhe tirou o fôlego. Confuso diante da surpreendente objetividade dela, precisava de tempo para arranjar uma resposta. Amélia havia se preparado para o momento, com fé e muita coragem; admitia que a resposta pudesse ser afirmativa, ferindo como uma flecha o seu coração sensível de mãe e de mulher.

— Não queira enganar seus pais, que o conhecem perfeitamente e quase adivinham suas reações. Não somos negligentes, acompanhamos de perto seus primeiros passos na vida e na escola. Merecemos respeito e consideração, não só como provedores do lar, mas como amigos que procuramos ser. Nós o chamamos à vida e por isso nos julgamos responsáveis.

Emerson concordava intimamente com os argumentos da genitora. Concordava também que tinha entrado de gaiato nessa de se picar. A primeira vez foi ótimo, delirante. A segunda, nem tanto. Estava pensando se haveria a terceira e como seria: "o delírio seria cada vez menor, as sensações ficariam amortecidas enquanto o desgaste orgânico seria crescente! Valeria a pena?"

A figura materna era especial para ele e também muito querida. Adorava o seu jeito de ir direto ao assunto, sem muitos rodeios. Era assim também com o irmão, Carlos, e a irmã, Gisele. Carinhosa, mas forte; forte, sem ser rude ou dominadora. O jovem sempre admirou a atitude da mãe em situações diferentes da vida. Ali, ao seu lado, era

Propostas de paz 71

toda meiguice alisando-lhe os cabelos. Como reagiria se revelasse a verdade? Ela podia desconfiar, pensava Emerson, mas a certeza só ele poderia dar.

Foram instantes difíceis para o jovem. Sentia-se envergonhado por estar causando preocupações desnecessárias aos pais, logo ele, o filho mais velho sempre tão querido, tratado com mimos e paparicos. A força do caráter bem estruturado veio à tona e ele respondeu, com firmeza e verdade:

– Estou bem, mamãe. Amanhã, com certeza estarei melhor. Você e o papai podem ficar descansados, que o filhão aqui não vai decepcioná-los. Serei o médico que vocês desejam, ou melhor, que eu também desejo. Um profissional da saúde não tem sequer o direito de pensar em drogas que matam. As únicas drogas que constarão de meu receituário serão outras – aquelas que curam, que aliviam dores e prolongam a vida.

Amélia sorriu, beijou o rosto do filho e se retirou, convencida de que o rapaz honraria sua palavra. Sentiu, dentro de si, que a tempestade estava passando. Continuaria, no entanto, a observá-lo; não permitiria que um traficante adotasse o seu menino sem uma luta feroz, imposta pelo amor materno.

Louvamos a atitude dessa mãe. A firmeza no trato com os filhos não deve ser exclusividade masculina. A mãe é a figura mais próxima, mesmo que trabalhe fora. Os vínculos entre mãe e filho são tão fortes que não se rompem com o simples corte do cordão umbilical. Perduram anos a fio no plano do psiquismo e dão à mãe a força moral de que necessita para conduzir e orientar o lar. A força da mulher é tão grande que até o companheiro procura nela o lado materno. Quando enfermo, confia-se tranquilamente às suas mãos de enfermeira; se deprimido, procura a psicóloga; se aborrecido ou revoltado com injustiças no trabalho, busca junto da esposa a palavra exata de compreensão e estímulo. Que dizer então dos filhos, imaturos e inseguros diante dos fatos novos da vida?

Não há motivos que justifiquem o alheamento de uma mãe, dentro do lar, em relação aos filhos. A dupla jornada pode dificultar, mas não deve anular esse relacionamento quase sagrado. Há que se fazer tempo para o diálogo, para o lazer, para o acompanhamento escolar. Maternidade é compromisso dos mais belos, dos mais sublimes e, portanto, dos mais sérios. É também sacrifício das horas de sono, dos passeios prolongados, dos bate-papos descontraídos com amigos até altas horas... Sacrifícios que serão recompensados com a estabilidade emocional de toda a família; com a alegria de possuir filhos bem orientados e felizes. Mães que se negam à responsabilidade em nome de seus direitos pessoais colherão, no futuro, os frutos amargos dos dissabores provocados por filhos desajustados, mal-educados, propensos a comportamentos reprováveis.

Mais do que nunca, nos dias decisivos que vive a humanidade, faz-se imperiosa uma atitude enérgica dos pais em favor do equilíbrio dos filhos. Energia não supõe xingamentos, espancamentos; muito ao contrário, os pais que agridem com atos físicos ou verbais não estão utilizando energia; estão dando expansão às próprias neuroses e frustrações. Os responsáveis precisam resolver-se por dentro, encontrar a própria identidade, para em seguida transformar-se em educadores por excelência. Os filhos vêm ao mundo para serem melhorados, aperfeiçoados, enfim, educados.

Há muitas desculpas dos pais diante das atitudes irreverentes da garotada. Somos solicitados para dar apoio em casos nos quais a solução é visível a olho nu: basta uma presença mais constante, interessada e afetuosa. Se assim for desde o berço, os pais jamais precisarão aplicar castigos drásticos na adolescência, que não solucionam situações complicadas. Atitudes enérgicas e coerentes demonstram o grau de interesse pela criança, que percebe a atenção voltada para ela; passa a sentir-se mais segura, mais confiante e até mais obediente, expressando uma obediência espontânea, harmoniosa, sem traumas.

No caso que relatamos, observamos que Emerson encontrou nos pais, e de modo muito particular na mãe, um guia seguro no qual aprendeu a confiar. Quando afirmou que a droga jamais faria parte de sua vida estava exprimindo um desejo sincero, visto que o conflito já estava estabelecido. As referências que recebeu, os conselhos, as advertências, tudo pesou na hora da decisão. Se tivesse sido abandonado afetivamente, não traria bagagem positiva para compensar a curiosidade que o impelia para a busca de novas sensações.

Propostas de paz 73

Para reforçar o nosso pensamento, completamos afirmando que a qualidade do contato familiar é que faz a diferença. Se não houver muito tempo disponível porque a vida moderna exige o trabalho feminino, que o curto período de aproximação seja caloroso, enriquecido por conversas francas, observações importantes, momentos reconfortantes de lazer... Consideremos ainda os momentos da oração em conjunto, quando os vínculos espirituais se estreitam e atraem a proteção dos espíritos amigos e familiares. Onde se cultiva o amor tudo se ajeita a contento.

***

Decorridos alguns anos encontramos Emerson estabelecido em agradável consultório numa clínica pediátrica, tendo aos seus cuidados uma clientela seleta, pois não se trata de assistência pública.

Pela manhã, quando os primeiros raios de sol visitam o quarto, o médico levanta-se e seu primeiro interesse se volta para um livro. Procura-o na estante e encontra-o com facilidade por estar sempre ao alcance da mão. Trata-se de *O Evangelho segundo o Espiritismo*. Emerson, que esteve tão próximo da ruína física e moral, pertence agora a uma associação médica muito digna, que fundamenta a postura e os objetivos profissionais nos postulados espiritistas. Ele, tendo atingido a plenitude física nos seus 35 anos de vida, continua em busca da plenitude espiritual. A porta de seu consultório abre-se com frequência para clientes pobres, que ele faz questão de atender sem esperar retorno financeiro.

Na parede azul-claro do ambiente de trabalho, ao lado de seu diploma ele expôs uma fotografia do ilustre patrono dos médicos espíritas, doutor Adolfo Bezerra de Menezes. Nessa alma querida Emerson busca inspiração para os diagnósticos em geral, dos mais simples aos mais complexos. Logo que chega ao local de trabalho, o médico recolhe-se intimamente procurando conectar-se com o grande Espírito.

No momento ele tem um caso complicado pela frente e não se trata de um paciente infantil. É a própria irmã Gisele, portadora de afecção grave, que tira a tranquilidade familiar. Ela é a caçula da família e, como ele, também não contraiu matrimônio. Ele, porque está à espera de um grande amor que ainda não "pintou". Ela, porque adoeceu no início da juventude; impossibilitada de concluir o curso universitário por conta de uma enfermidade renal grave, encontra-se vinculada a constantes sessões de hemodiálise.

Quando Gisele, cansada do doloroso tratamento ameaça revoltar-se, é ainda a figura forte da mãe que contrabalança sua fragilidade. Ao lado do afeto generoso existe todo um complexo tratamento, que culminará com um transplante de rim. Foi o aparecimento dessa enfermidade que motivou a família a buscar respostas distante da visão materialista da ciência. O médico foi o primeiro a compreender a excelência do Espiritismo em explicar a origem das dificuldades humanas, sem reduzir o homem a um amontoado de células e órgãos regidos apenas por leis físicas e químicas. Ele, ao buscar novas referências, encontrou uma riqueza ímpar de informações racionais e inteligentes. Dialogou com a mãe, pois o pai já havia desencarnado de forma violenta, num dos corriqueiros assaltos em um cruzamento movimentado da cidade grande.

Tanta coisa havia para digerir: a morte do valoroso chefe de família e o adoecimento sério da irmã. Em pouco tempo Emerson "devorou" informações recolhidas nas obras espíritas, principalmente as fornecidas pelo médico espiritual André Luiz, e ficou convencido da veracidade das novas informações. "Para tudo o que nos acontece, de bom ou ruim, há sempre um fator motivador. Se a motivação não se encontra na vida atual, então é necessário creditá-la a dívidas passadas, contraídas em existências anteriores." Com essa nova crença todos aceitaram e entenderam a partida considerada prematura do pai. Quanto a Gisele, aplicariam amplos recursos para vê-la curada, mesmo que o transplante fosse a meta final.

Como afirmamos, Emerson está buscando inspiração no ilustre companheiro espiritual, doutor Bezerra de Menezes, símbolo, para nós que o conhecemos, do mais puro e desinteressado amor. Ele é o protetor e orientador de todos os profissionais da medicina que veem, no ser humano, o lado espiritual no comando da organização física. Se os que sofrem recorrem à sua assistência, ele atende com prontidão, enviando um mensageiro de sua falange gigantesca para suavizar as dores e, ao mesmo tempo, intuir o profissional no que se refere ao diagnóstico e ao melhor tratamento. Sua aura luminosa expande-se numa irradiação de paternal beleza. Seu fluido purificado, por si só, energiza, revigora e pacifica! Ele é uma fonte inesgotável de saúde e equilíbrio, dedicada à causa maior do amor fraterno. Sua simples presença reconforta e ilumina.

Ao aceitar o Espiritismo como norma diretiva de vida, Emerson mergulhou nesse mundo novo dos discípulos de Bezerra, cuja influência é percebida em todos os setores de sua vida, pessoal e profissional. O jovem médico compreende o drama que Gisele suporta com heroísmo, avaliando que, no terreno das provas e expiações, a jovem está se libertando de sombras miasmáticas do passado. Sabe que suas dores, mesmo que se prolonguem, são passageiras. Firme, ao seu lado, ele também se sente aliviado de alguma parcela de culpa toda a vez que a socorre profissionalmente, ou lhe dedica uma porção calorosa de carinho. A Lei de causa e efeito – uma das pilastras do Espiritismo – dá-lhe a certeza de que o afeto fraterno que os une é uma consequência, ou derivação, de um amor maior do passado espiritual de ambos. O vínculo não se rompeu, apenas transformou-se.

Em suas costumeiras reflexões o jovem médico sonda o subconsciente, procurando uma lembrança que lhe escapa. A lei do esquecimento é um benefício para nosso personagem, pois, desconhecendo o verdadeiro vínculo que o liga à irmã doente, poderá acumular um mérito maior. Se adquirisse a lembrança, poderia embaraçar-se e ver prejudicado seu trabalho de reajustamento.

Para ampliar nossos horizontes em relação ao problema da dor, e, sobretudo, para transmitir-nos o alento de que necessitamos, doutor Bezerra, o admirável médico dos pobres, mais uma vez usou de generosidade para conosco, simples aprendizes, deixando registrada uma mensagem de singular beleza:

"Companheiros queridos, filhos diletos do coração e da alma. Por que tanta fragilidade na hora difícil da dor, se nunca estais sós, se ao vosso lado inúmeros companheiros acompanham o desempenho de vossos compromissos e sustentam vossos esforços? A caminhada não seria necessariamente dolorosa, se as condições do planeta e o estágio de vossas almas fossem engrandecidos pela renovação dos valores morais, superpostos aos interesses menores

determinados por atitudes de egoísmo e impregnados de violência física e verbal. O mundo agoniza sob os confrontos mais severos, enquanto a humanidade distribui-se entre os bem-aquinhoados da fortuna e os carentes de quase tudo, espoliados dos direitos inalienáveis do ser humano.

"O brado de igualdade que foi lançado na França por ocasião da grande revolução social não se estendeu, na prática, a todas as nações do globo. A justiça social não se faz presente nas leis civis e somente a Lei divina, santa e inexorável, expande seus raios de ação higienizadora sobre todas as criaturas, do reino mineral ao hominal.

"As imperfeições não combatidas espontaneamente serão expelidas dos reservatórios da alma pela força saneadora da dor, a se manifestar sob diferentes formas e matizes. Bem-aventurados os que sofrem neste momento de transição, porque serão consolados na pátria celestial reservada aos filhos de Deus. Bem-aventurados os que adquirem paciência e conquistam uma auréola de luz, que resplenderá eternamente na pátria dos eleitos.

"Confortai-vos, filhos espirituais, e aprendei a mansidão e a doçura do Cordeiro de Deus, pois só aquele que se lhe assemelhar terá ingresso no reino de seu Pai. Animai-vos e não vos deixeis curvar sob o peso da cruz, da mesma forma que nosso Mestre sobrepujou todos os tormentos físicos e morais, com a harmonia do Ser iluminado que era antes que nosso mundo fosse feito.

"Consolai-vos com as promessas do Mestre, de um dia, na eternidade, arrebanhar-vos ao seu redor, agasalhando-vos como as aves fazem com seus filhotes. Sede pacíficos e generosos, desprendidos dos interesses terrenos e voltados para os bens imperecíveis do espírito imortal. Muita paz, meus filhos!"

***

Para compreender o presente muitas vezes precisamos nos reportar ao passado. Como afirmou o venerável médico dos pobres, se o presente não explica a causa de nossas dores é porque ela se encontra enraizada em nosso passado espiritual. Foi assim com Emerson e Gisele, almas afins, unidas por um vínculo desastroso do passado. Hoje eles entendem que nenhuma afeição pode justificar atos reprováveis de conquista e traição. Há quase dois séculos, com outra roupagem carnal e num território distante, os dois foram protagonistas de um drama passional, chegando às raias da loucura. Ela, bela, mas comprometida. Ele, amante apaixonado, não considerou os direitos de um esposo e passou ao assédio cerrado, esquecendo convenções sociais e até as mais simples expressões de boas maneiras. O par julgava-se acima do bem e do mal, em nome de um amor possessivo e doentio. Ela abandonou o lar e fugiram juntos, deixando atrás de si um rastro de ódio.

Se a traição ainda é vista com uma forte conotação de humilhação para o parceiro que a sofre, imaginemos há quase duzentos anos, em plena vigência do patriarcado, quando a honra só era restabelecida com sangue. Homens que se julgassem honrados não poderiam aguentar a ofensa sem premeditar uma vingança.

Gisele traiu o marido e esse colocou um capanga em seu encalço, com ordem para matar os dois. Emerson, ausente da casa, escapou ileso, fugindo, atordoado, depois que descobriu o corpo da mulher amada estendido sobre o tapete. O agressor, que se encontrava nas imediações, não se atreveu a nova agressão ao ver a casa encher-se de pessoas conhecidas.

O amante atingido pela infelicidade vagueou muito tempo sem destino, até fixar residência em local distante. Fechou-se para sempre ao amor e guardou na memória o quadro aterrador: a jovem ensanguentada, morta a golpes de punhal, com profundas lesões na área abdominal.

Emerson começou o seu purgatório naquela mesma existência, distanciado da família e amargurado. Nunca pôde retornar à sua terra por temer o rancor do inimigo, preferindo ser considerado morto. Ele teve uma vida relativamente longa e, para compensar o seu "pecado", procurou ser justo e reto com as demais pessoas. Jamais entrou em um lar na ausência do "chefe" da casa. Respeitou todos os códigos morais da sociedade que nunca tomou conhecimento do seu passado cheio de culpa e remorso. Ao falecer, padeceu uns tempos em regiões purgatoriais até ser resgatado para a luz.

Gisele desencarnou sob o impacto dos golpes que provocaram abundante hemorragia. Os rins e o fígado ficaram dilacerados. O espírito, em estado de torpor, permaneceu longo período imantado

78 O Despertar de uma Nova Era

àquele mesmo ambiente. Se não fizera jus a um socorro imediato, também não foi abandonado definitivamente por Deus. Almas piedosas intercederam pela jovem senhora e um dia ela foi recolhida a uma instituição espiritual. Perguntava pelo amante e sentiu, na pele, a dor da separação; talvez a mesma dor que havia causado ao esposo amigo, transformado por ela em carrasco rancoroso.

Consciente da atitude desleal e precipitada, ela iniciou um período de reflexão, estudo e trabalho. Foi colocada, por mentores amigos, junto a um grupo de ex-suicidas. O trabalho visava dar-lhe a noção fiel do mal que alguém pode fazer a si mesmo e ao próximo, quando desconsidera o valor da vida. Naquele novo ambiente procurava aliviar sequelas, sufocar gemidos, enxugar lágrimas de desespero e decepção. Ela viu o sangue escorrendo por feridas que se recusavam a cicatrizar, porque eram alimentadas por pensamentos fixos de remorso ou revolta. Conviveu com o desespero dos que abandonam voluntariamente a vida no corpo, julgando que nada encontrarão depois da morte.

O tratamento foi de choque para nossa personagem. À noite, quando se recolhia para o repouso, analisava as ocorrências do dia e julgava-se muito feliz porque o socorro, no seu caso, chegou mais depressa. Ela havia perdido a noção do tempo em que, como espírito, vegetou num vazio de consciência; essa lembrança só chegaria com o passar dos meses e os terapeutas não fariam revelações precipitadas.

– Explique melhor, Luiz Sérgio, para o bom entendimento do leitor, visto que Gisele fora assassinada e não podia ser acusada de suicídio – sugeriu Karina, sempre interessada na informação objetiva e precisa.

Consideramos oportuno lembrar que, embora não tenha atentado contra a própria vida, Gisele sentia todo o peso da culpa oriunda do crime que lhe ceifou a vida. Se ela não tivesse "desonrado" o nome do marido, ele não teria motivo para matá-la. Ao oferecer o motivo, ela tornou-se cúmplice!

Era um raciocínio complicado, porém com certa lógica. Se uma pessoa se enche de drogas, pega o volante do carro, atropela, fere, mata alguém, será que não carregará a responsabilidade de um crime? Se morrer nessa situação, não carregará a culpa de um suicídio? O psiquismo humano é muito complexo!

A infelicidade do marido de Gisele pode ser atribuída à deslealdade dela. Ele não era portador de muitas virtudes, mas estava se encaminhando bem na vida; pretendia ser pai, cuidar bem da família, objetivos que não foram atingidos por causa da traição da companheira e de um falso amigo. Todos os atos insanos que ele pudesse praticar seriam, em parte, atribuídos à atitude incorreta desses dois personagens.

– Ainda hoje, Luiz Sérgio, é comum encontrar, na sociedade, pessoas desleais e desrespeitosas dentro de um relacionamento afetivo.

Dessa vez o aparte foi de João Pedro. Hoje, mais do que nunca, vemos prosperar o pensamento egoísta acima de qualquer regra moral. Se alguém descobre um novo interesse afetivo, o parceiro que se cuide. Filhos, quando existem, não impedem os casais de se separarem pelos motivos mais mesquinhos. Por uma simples paixão, por interesses financeiros, abandonam relacionamentos planejados para ser estáveis. Desconsideram que a estabilidade da família é peça fundamental no equilíbrio dos filhos e no futuro da nação.

Não se pode entrar em um núcleo familiar, desestabilizando o casal, em nome de uma paixão que todos reconhecem como fogo de palha. Quem age dessa maneira desastrosa atrai para si um carma pesado, a reclamar reparação futura. Não se brinca com sentimentos alheios sem o agravante da culpa. No caso que analisamos, que garantia teriam Emerson e Gisele de um amor eterno? Se a morte não os separasse, a vida mesma poderia fazê-lo. Quando o fogo deixa de arder, só ficam cinza e frustrações.

A jovem desencarnada vislumbrou a extensão do seu gesto, ao tratar de companheiros espirituais bastante prejudicados por suas próprias atitudes. No começo nem conseguia conversar com eles, pois trazia um nó preso à garganta. Com o tempo fez várias amizades e pôde transmitir algum conforto. Tudo o que falava servia para si própria; cada reflexão, cada conselho, eram recolhidos no subconsciente e serviam de alimento para sua essência espiritual enferma. Ao longo dos anos, sentiu-se melhor e preparada para nova experiência na carne.

Os três personagens se reuniram na mesma família. Emerson e Gisele aprenderiam a sublimar o sentimento no convívio como irmãos.

Carlos, o irmão que está casado e tornou-se pai de dois lindos garotos, viveu o papel de marido traído no passado. A vida lhe dará a oportunidade de reparar os danos que causou à esposa infiel, quando ordenou a sua execução. Ele possui o rim compatível com Gisele e será considerado o doador ideal.

***

Voltando ao passado, buscamos o perfil de Carlos para analisá-lo de forma mais específica. Ao descobrir a deserção da mulher foi possuído por um ataque de ira e orgulho ferido. Consumada a vingança inútil ele se arrependeu. Vendeu as terras que possuía e mudou-se para longe, onde formou família e tentou ser feliz.

— Ele encontrou a felicidade, Luiz Sérgio?

— Que nada, Karina! O homem pode fugir dos outros homens, mas não se esconde de si mesmo. A polícia não o incriminou por falta de provas, mas sua consciência tornou-se seu juiz e algoz. Pode alguém ser feliz assim?

O assassino verdadeiro, aquele que vibrou o punhal a mando do marido, botou o pé na estrada e nunca se soube nada a respeito. Viveu em desacerto consigo mesmo até o dia em que compareceu no mundo espiritual e prestou contas de seus atos. Sofreu bastante antes de reconciliar-se com a paz. Nesta vida ele foi o pai dos três personagens desta história verídica. A morte violenta no trânsito aconteceu para ressarcir o crime oculto para o mundo, mas bem claro no seu subconsciente. Assim, tudo o que está escondido vem à tona pedindo reparação. Não existiria sofrimento se não houvesse resgate, contas a pagar, remorso para esquecer ou virtude para adquirir. O homem perfeito não adoecerá jamais, a exemplo de Jesus, Ser iluminado, sábio, perfeitamente equilibrado e saudável!

— Somente a mãe escapou à regra no que se refere ao acerto da família – acrescentou nosso amigo Enoque. – Ela é uma alma mais equilibrada, que se juntou ao grupo consanguíneo por laços de afeição. Registramos sua presença austera na direção do grupo familiar, como se pressentisse as dificuldades que todos viveram um dia.

Propostas de paz 81

– Com certeza, Raito, ela é bem assessorada por espíritos que estão aguardando um desfecho satisfatório para os amigos do mundo físico. Demonstra muita coragem na hora da dor e uma determinação que deveria servir de exemplo a muitas mães, que se deixam desnortear na primeira dificuldade.

Enoque e eu concordamos que o perfil de Amélia é o ideal que gostaríamos de encontrar em toda mulher que aspira a ser mãe: firmeza com doçura, disciplina com carinho, inteligência enriquecida por valores culturais e religiosos. A mãe é o esteio do lar enquanto o pai é a sua cobertura. Se faltar o suporte, a casa desmorona e será improvável reerguer o edifício. No lar, Amélia foi sempre o braço forte estendido em todas as direções. O marido, Joaquim, nunca ousou contrariar seus propósitos, pois via na companheira uma pessoa com muitos dotes, capaz de auxiliá-lo, a contento, na tarefa de educar e conduzir a formação das três crianças.

O trato da casa, o equilíbrio das finanças, a orientação religiosa da família eram partilhados pelo casal, mas cabia à mulher a parte essencial. Quando Emerson e Carlos ameaçavam desentender-se, era ela, a mãe sempre presente, que desanuviava o ambiente colocando um ponto final na discussão. Não afirmamos que os dois irmãos permutavam um grande afeto entre si, mas aprenderam o respeito recíproco, em atenção às orientações dos genitores.

Irmãos que viveram dramas comprometedores no passado sentem, de vez em quando, aflorar alguma antipatia entre si. Cabe aos pais, na tarefa educativa, aparar as arestas do comportamento, estabelecer um código familiar de respeito e harmonia dentro do lar, a começar pelo exemplo de retidão do casal. Nesse contexto doméstico Emerson e Carlos adquiriram noções de companheirismo, e parecem ter superado as animosidades que por vezes afloravam na vida íntima.

– Por isso já foi dito que o esquecimento é uma bênção para ambos – concluiu nosso amigo Enoque.
– E ainda há espíritas que se queixam por ter perdido as lembranças, Enoque. Eles não avaliam o benefício do esquecimento, quando na vida se deparam com os antagonistas do passado.

82 *O Despertar de uma Nova Era*

– Sabemos que alguns gostariam de tomar conhecimento de experiências excitantes, vividas como heróis, reis ou rainhas. Ninguém, em sã consciência, quer fazer uma regressão para defrontar-se com a própria fragilidade, você não concorda, frade?

– Há tempos você não me chamava assim, Raito; acho que estamos amadurecendo, visto que espíritos não envelhecem.

– É isso que dá a gente conhecer o passado espiritual dos amigos! Voltando ao nosso assunto, conheço pessoas que não querem resgatar esse conhecimento, com medo de se perturbarem com as revelações obtidas: se forem boas pode "pintar" a vaidade, se forem más podem vir o desalento e a sobrecarga do arrependimento – completou Enoque.

***

O Criador sabe o que faz e, se optou por essa situação, fê-lo com sabedoria. Kardec, em *O Livro dos Espíritos* faz uma explanação brilhante sobre o tema. Recomendamos, uma vez mais, a leitura dessa obra magistral, que convence quanto à necessidade da reencarnação e o alívio que as almas adquirem quando ingressam na carne, livres, temporariamente, do aguilhão do remorso e das mágoas.

Reconhecemos que há psicopatologias curáveis com uma terapia de regressão, conduzida por profissional sério, consciente de sua responsabilidade. São bem poucos, ainda, os profissionais que se conduzem com lisura, desatentos do ganho material e voltados, primordialmente, para o bem-estar do paciente. Há ainda a considerar o uso que o paciente fará da informação adquirida. Se o assunto não for bem trabalhado no seu interior, o enfermo poderá sair do tratamento com uma neurose maior. Por isso recomendamos cautela.

Nos casos de terapêutica aplicada pelos espíritos sabemos que o êxito é total, quando mentores mais sábios conduzem a memória dos pupilos para alguns lances mais claros do passado espiritual. Eles sabem o que fazem, por que fazem e quais os objetivos a serem atingidos. A meta final é sempre o crescimento espiritual, de um indivíduo e de uma coletividade. Longe dessa circunstância, é melhor, para todos, o esquecimento na hora do recomeço.

Se Emerson e Carlos se recordassem do crime e da traição, a vida seria insuportável dentro do lar. Gisele, a irmã caçula, estaria no epicentro de um furacão. A providência divina marcou esse reencontro para a pacificação, mas sabemos que as dívidas não serão todas anuladas em uma só existência. Eles apenas aplainarão o caminho e voltarão, outra vez, para construir um edifício mais sólido, sem resquícios de mágoas e revoltas. Terão uma vida realmente construtiva, quando levarem desta o troféu dos vitoriosos.

Muitas famílias vivem esse período de dificuldades, onde reinam animosidades e paixões mal controladas. Devem lutar contra sentimentos de conflito para que, no futuro, retornem em lares felizes, isentos de discórdia. Somente a paciência e a tolerância recíprocas vencem essas barreiras. De outra forma os erros se repetem e a ciranda continua.

***

Gisele cursou os primeiros anos da faculdade de Direito. Tencionava ser uma advogada de causas trabalhistas; via, nessa profissão, a oportunidade de trabalhar por uma justiça social, resolvendo pendências entre empregados e empregador. Seus projetos foram interrompidos pelo agravamento da doença.

Quando um centro de força é agressivamente lesado, pode entrar em colapso permanente e refletir alguma sequela na encarnação seguinte, quando então poderá ser corrigida. Os golpes que ela recebeu no ventre, associados ao profundo sentimento de culpa, provocaram a disfunção que ela sofre no momento. Precisará de um transplante e o irmão Carlos – único doador compatível – será chamado a colaborar. A sua reação diante da necessidade da irmã é o que analisaremos a seguir. Ele traz um sentimento duvidoso em relação a Gisele; um misto de amor e aversão, que ele tem procurado disfarçar por não saber a causa motivadora.

– Se soubesse talvez se recusasse ao sacrifício, Luiz Sérgio.

84 · *O Despertar de uma Nova Era*

– É possível, Enoque, que o amor falasse mais alto, mas não apostamos nisso. Talvez prevalecesse o desejo de vingança.

Chegando os últimos resultados dos exames, Carlos tomou conhecimento da realidade: estava em suas mãos dar uma condição de vida mais favorável a Gisele. A recusa colocaria a moça numa fila de espera bastante demorada. Talvez não houvesse tempo para ela.

Prevaleceu o afeto fraterno e o transplante aconteceu com sucesso, sob a assistência do amigo espiritual, doutor Bezerra. Emerson desdobrou-se em atenção aos dois entes queridos, sentindo que as coisas seriam melhores entre eles, dali para frente. A generosidade de Carlos colocava ponto final na animosidade inconsciente, mal disfarçada entre os irmãos. A família estaria mais unida e os problemas de um seriam problemas de todos.

Amélia, a mãe dedicada, repartia-se entre os filhos acamados, providenciando conforto para ambos. Carlos retornou primeiro para o seio de sua recém-formada família. Tinha filhos e aprenderia como pai, a amar de forma menos possessiva, pois a ninguém foi concedido o direito de exterminar uma vida, sob qualquer pretexto ou aparente justificativa.

A pessoa traída pode sofrer, mas não pode transformar-se em juiz e carrasco, sentenciando um companheiro de jornada à morte. Ele terá longo percurso a fazer até adquirir as virtudes da mansidão e humildade. Seus filhos lhe darão essa oportunidade, pois hão de exigir paciência e dedicação.

– Para isso serve a paternidade!

– Exato, Enoque. O ser humano amadurece quando se torna pai, tendo a chance de expressar gestos de ternura.

No mundo espiritual, o pai, Joaquim, prepara-se para retornar ao mundo físico, onde deverá compensar, por completo, seu débito com a Lei divina. Virá no lar de Carlos e ambos – criminoso e mandante do passado –, trilharão o difícil caminho do reajustamento moral. Aquele que aliciou o empregado para o crime terá a oportunidade de recebê-lo e, como um bom pai, tudo fará no sentido de encaminhar um filho necessitado para a total recuperação. Como foi dito, todos poderão ser felizes, se saírem vitoriosos das provas que a vida lhes impuser.

Eis a reflexão que deixamos para o leitor: muito esforço e boa vontade para vencer as dificuldades momentâneas. Ao lado dos encarnados, espíritos generosos acompanham seu desempenho e colaboram, de mil maneiras, para aliviar o fardo de cada um, sussurrando aos ouvidos espirituais verdadeiras propostas de paz.

5

Reciprocidade

Da janela de seu apartamento, situado no oitavo andar, Paulina contemplava a rua arborizada banhada pelo sol de outono, estação que promove um clima mais ameno na grande cidade. Crianças brincavam alegres, correndo e soltando gritos estridentes. As brincadeiras infantis já não impressionavam a menina-moça, presa, naquele momento, a uma cadeira de rodas. Se fosse em outros tempos a alegria infantil estaria a lhe provocar sentimento desagradável de revolta, associado à lembrança da liberdade dos movimentos. A imobilidade é provisória; ela reconhece que está se recuperando a contento de uma fratura exposta na perna, e de uma intervenção cirúrgica nos ossos da bacia. O tombo de um cavalo provocou esse desastre em sua vida.

No momento, afora os complexos aparelhos eletrônicos que possui, olhar para a rua é o melhor remédio para sua solitária condição. "Quem mandou desobedecer aos pais e montar o 'malhado'?" Esse era um pensamento de autorrecriminação que teimava em insinuar-se em sua mente, de maneira aflitiva, sem dó nem piedade.

Para esquecer, Paulina procurava a companhia dos livros de estudos, pois a reprovação na oitava série já seria demais. Ter que repetir o ano com todos os componentes curriculares e, além disso, perder a companhia dos colegas e a festa de conclusão de curso era coisa difícil de tolerar. Para evitar esse desfecho os pais contrataram aulas particulares e ela se desdobrava ao máximo. Era inteligente e ganharia a parada! Havia sempre, porém, um momento de solidão, em que a garota mimada e extrovertida tinha que passar a sós consigo mesma, o que lhe propiciava oportunidade de crescimento interior.

Analisando os prós e contras da situação, concordamos que Paulina ganhou em profundidade o que perdeu em extensão. Mais recolhida, por força das circunstâncias, podia refletir em certos posicionamentos que esteve para assumir e que continuavam pendentes.

O primeiro foi quando Maurício a convidou para um fim de semana de arrepiar, no sítio de seus avós. O convite incluía, além dos possíveis encontros com a natureza exuberante, um convívio amoroso intenso, distante dos olhos controladores dos pais. Maurício já completara 18 anos e, para ele, namoro incluía iniciação sexual, sem a qual a vida não teria a menor graça.

Paulina considerava-se muito jovem e não se sentia pressionada pela libido, isto é, achava que o sexo poderia até "rolar" na relação de ambos, mas não queria sofrer pressões a respeito. A decisão deveria ser plenamente consciente, no momento em que desejasse e tivesse tudo a ver com seus propósitos. Foi aí que brotou a discussão, por causa dessa divergência. Aborrecida, subiu no cavalo e pôs-se a galopar, indiferente às recomendações dos mais velhos. Levou um belo tombo, machucou-se bastante e o resultado é essa cadeira de rodas que deverá curtir no mínimo por noventa dias. Felizmente não haverá sequela física, mas, emocionalmente, ela ficará marcada.

O segundo posicionamento seria mais grave. Tratava-se de um envolvimento com um repassador de droga, visita constante perto da escola.

– Uma garota que nem aprendeu a fumar demonstraria interesse por um "baseado"? – questionou Ângela, uma nova amiga que apresentamos.

– Diríamos que a palavra mais adequada nesse caso é curiosidade.

Exatamente por desconhecer as sensações ditas prazerosas do cigarro é que a menina quase se deixou seduzir pela curiosidade.

"Por que não experimentar? Um só não me fará mal..." – falava consigo mesma, tentando justificar uma resposta positiva. A justificativa não a confortava por dentro. Paulina conhecia os efeitos desastrosos das drogas, pois uma amiga havia se afastado da escola para tratamento.

O pai era médico e, como bom profissional da área da saúde, estimulava hábitos saudáveis como o contato com a natureza, a prática de esportes, uma boa alimentação. Não falou muito sobre droga; a seu ver, excesso de informações pode aguçar a curiosidade e levar ao consumo. A mãe pensava diferente e os professores também.

Nas aulas de Ciências o tema havia sido debatido com certa superficialidade, talvez porque os professores precisem de maior preparo para a abordagem científica do assunto. Sermões não adiantam; os jovens precisam ficar convencidos de que a droga é realmente uma **droga**, o que só acontecerá com explicações claras do ponto de vista científico. Na verdade, explicações podem não bastar quando o psiquismo do jovem estiver enfermo, bloqueado por traumas, decepções ou carências. No caso de Paulina, um pouco mais de informação seria suficiente para ela vencer a tentação. No meio do caminho veio o tombo do cavalo.

– Ufa! Que alívio, Luiz Sérgio! Essa foi por pouco – considerou João Pedro. – Quem experimenta uma vez é um sério candidato a freguês!
– E você, amigão, nunca se sentiu atraído pela droga, no curto período de vida?
– Felizmente não. Tive uma família estruturada nos padrões antigos do respeito filial e acolhia, sem réplicas, as orientações dentro do lar. Além da dor imensa que teria causado aos meus pais, teria prejudicado terrivelmente o perispírito se tivesse desencarnado por overdose.

É isso aí. Aprovamos um *slogan* que diz: droga, estou fora! Resta-nos verificar se Paulina vai resistir ao assédio do traficante, que está pintando de dourado o quadro que nós sabemos ser simplesmente negro. No começo pode parecer cor-de-rosa, mas em pouco tempo a poesia vai embora e o que resta é uma feia e dolorosa dependência, com consequências danosas para o organismo.

– Nesse momento o traficante engorda os bolsos e o usuário fica maluco para encontrar dinheiro; não estou certo, Luiz Sérgio?

João Pedro está corretíssimo nessa colocação. A gentileza do fornecedor de droga termina quando percebe que já ganhou a presa; que o infeliz indivíduo não aguenta a síndrome de abstinência e tudo fará para adquirir o veneno.

– Será que na atualidade, com a atuação dos meios de comunicação, os jovens não estão mais bem informados do que no seu tempo?

– Não tenho dúvidas sobre isso, João Pedro. As ideias positivas, porém, não têm conseguido neutralizar as negativas porque a família se desestabilizou, a pobreza material veio acompanhada da miséria moral, da ausência quase total de limites norteadores. A educação se empobreceu e as crianças passam nas ruas a maior parte do tempo ocioso. Não pregamos revolução, mas acreditamos numa solução correta para o problema somente com amplas reformas estruturais da sociedade.

***

Visitamos com relativa frequência a escola onde estuda Paulina. Aliás, não temos feito coisa muito diferente nos dias atuais, devido às solicitações angustiadas de pais e professores. Por estarmos vivendo uma situação desesperadora com o avanço da droga no território sagrado do saber, a equipe dos jovens está sendo solicitada para proteger e defender a juventude contra o assédio cada vez maior dos produtores e revendedores da droga, que impede e inviabiliza o crescimento sadio do corpo e do espírito.

Não queremos afirmar que somos os únicos espíritos interessados no desenvolvimento pleno dos seres em formação, que sempre receberam atenção cuidadosa de seus protetores. Com o avanço da criminalidade, da droga e das perversões sexuais, a ação do bem teria de ser organizada e metódica, visto que o mal também ousou se organizar para aliciar, corromper e desvirtuar o pouco ensinamento que a família consegue transmitir.

Assumimos um compromisso diante da Espiritualidade Superior, que desempenhamos de alma aberta, pois nosso crescimento está na razão direta de nossos esforços e participação na ação evangelizadora. Forças contraditórias reagem contra nós e contra todos aqueles que intentam arrancar-lhes as presas das garras inescrupulosas, que ambicionam o domínio gradual das mentes infanto juvenis.

Do comércio infernal dos entorpecentes originam-se os crimes mais hediondos, as agressões sexuais, a banalização da vida... Temos afirmado, oportunamente, que espíritos pouco familiarizados com o Evangelho do Cristo estão reencarnados para realizar uma reforma íntima. Eles são os alvos mais visados da falange do mal, que se espalha sobre a crosta para tumultuar o raciocínio e desvirtuar os frágeis conceitos religiosos expostos pela família e pelos grupos religiosos. Nosso propósito é colaborar na difusão das verdades filosóficas e morais do Espiritismo, para iluminar essas mentes antes que se deixem envolver e arrastar pelo mal.

– É um verdadeiro cabo-de-guerra! – exclamou Karina, que passava pelo local onde desenvolvíamos esse tema e desejou participar do assunto. – Enquanto uns aliciam para o submundo espiritual, contrapomos com intuições benéficas. Quando somamos força com a família onde se encontram pais conscientes, a situação se descomplica. Como espíritos não podemos ir muito além das intuições, das inspirações, do conforto e consolo na hora da dor.

– Deixamos também nossas recomendações impressas nos livros, Karina, para que os leitores se instruam e fiquem atentos contra os perigos que rondam seus lares. Estamos numa época definitiva de separação entre o bem – que deverá permanecer no planeta – e o mal, que graças a Deus será afastado, permitindo-nos viver num mundo mais ordeiro e pacífico, sem tanta corrupção, ganância e predisposição criminosa.

– Há tantos mensageiros do além enviando recados de alerta! Em época alguma foi tão enriquecedora a literatura espírita, com algumas ressalvas – observou Karina.

– É só escolher os livros com sabedoria segundo as orientações de Kardec, que discriminou as características dos falsos e verdadeiros profetas. Se as árvores podem ser reconhecidas pelos frutos, os livros são identificados pelo bem-estar que produzem, pela alegria que brota de suas páginas, pelo bem que estimulam e pelas virtudes que recomendam. Quem elege livros de baixa conotação espiritual é porque se afiniza com eles. Livros ruins deveriam ficar esquecidos nas prateleiras, o que desestimularia a edição de outros do mesmo teor.

– Agora vou deixá-lo, Luiz, com suas anotações, pois temos um caso de socorro pela frente; estou seguindo para me encontrar com alguns amigos. Num determinado momento vamos solicitar sua presença, "seu eterno garotão!"

– Vocês mandam e não pedem. Já reservei um tempo para esse caso que me interessa de perto, menina bonita!

Sorrindo, Karina afastou-se para outros deveres. É assim nossa existência neste lado da vida: muito trabalho realizado com descontração e alegria. Cada um faz o que pode, dentro de suas características de personalidade. Os encarnados sofrem com o trabalho porque as condições são adversas: baixa remuneração, dificuldades de transporte, chefia intransigente, companheiros desleais prontos para puxar o tapete. Aqui não passamos por esses problemas: o "salário" é altíssimo, enriquecedor; o transporte é rápido e gratuito; os chefes são educados e amáveis; os companheiros, então, são dez em lealdade e generosidade. Como diriam os encarnados: melhor que isso, só dois disso!

***

Voltando nossa atenção para os arredores da bonita escola particular, notamos a preocupação da diretoria com a segurança da clientela. No portão de entrada dois seguranças observavam o ingresso alegre dos estudantes. Pudemos ver que não estavam armados, mas aplicavam o olhar atento em todas as direções, na intenção de estabelecer ordem e disciplina também nas proximidades. Jorge e Aparecido eram os atentos vigilantes que cumpriam rigorosamente os seus deveres. Ao menor sinal de aproximação de um suspeito eles se comunicavam com a secretaria, que buscava o policiamento adequado. Ambos eram casados, com filhos pequenos frequentando as primeiras séries do ensino fundamental. O que não queriam para seus filhos também não desejavam para os outros, motivo que os deixava atentos a qualquer situação inadequada. Era uma atitude de recíproca atenção com o educandário, que lhes favorecia com a possibilidade de educar dois garotos.

Enquanto isso, uma professora comparecia à residência de Paulina levando as avaliações mensais, correspondendo ao interesse dos pais e da própria aluna. Tudo corria bem com os estudos e com a sua recuperação física. Ela voltaria à escola em tempo hábil para completar o ano letivo e concluir o grau.

O traficante-mirim continuava a postos nas proximidades da escola. Não aparentava mais que 12 anos e ficamos enternecidos ao vê-lo: porte franzino, roupas simples, aparência inofensiva; ninguém imaginaria que pudesse carregar consigo papelotes de maconha e cocaína. Sua presença só seria considerada suspeita pela constância naquele local, em dia e horas determinados.

Os vigilantes ainda não atinavam com a ousadia do tráfico, mas redobraram a atenção desde que a amiga de Paulina se afastou para tratamento. Corriam, à boca pequena, boatos sobre droga entre os alunos. Quem seria o fornecedor? – perguntavam-se professores e responsáveis. A galera estudantil não forneceria pista alguma, por medo ou por conivência.

Falemos mais um pouco sobre o pequeno traficante. Doze anos de idade e já comprometido. Não era para estar numa escola aprendendo coisas úteis para a vida? Onde estão os pais que não enxergam isso?

A mãe do garoto Jovino estava numa casa da periferia às voltas com quatro filhos menores. O companheiro, padrasto do menino, caiu no mundo, abandonando o lar e as crianças à própria sorte. Jocélia, a mãe, não encontrava tempo para controlar os passos do filho mais velho, dividida entre as casas que tinha para faxinar e os filhos

94 *O Despertar de uma Nova Era*

pequenos para cuidar. Confiante, ela deixou o rapazinho entregue a si mesmo, e ainda o felicitava pelo dinheiro que trazia religiosamente para casa. Ele explicava que permanecia perto dos semáforos vendendo doces e balas para os motoristas; a mãe acreditava e apenas recomendava cautela para não ser atropelado.

> – Ingenuidade ou negligência, o que você sugere, Ângela? – fiz a pergunta à queima-roupa para nossa jovial companheira, estimulando-a ao raciocínio crítico sobre tarefas que ela ainda realizará conosco. Nosso grupo se enriquece com a associação de novos e valorosos elementos.

> – Eu apostaria na ingenuidade, Luiz Sérgio. Sendo uma mulher simples, de pouca cultura, Jocélia não vê problema no comportamento de Jovino que afirma estar vendendo coisinhas para os motoristas, em pleno trânsito. Quando eu estava encarnada, ouvia os resmungos de meus pais sobre a atitude perigosa desses garotos. Hoje compreendo que eles tinham medo de um assalto.

Concordamos parcialmente com o raciocínio de Ângela. Havia um quê de ingenuidade no espírito da mãe, associada a uma atitude negligente, de alguém que não questiona de onde vem o dinheiro e de que forma é obtido. Ela também desconsiderou a pouca idade do filho. Uma criança de 12 anos não tem que trabalhar para prover o sustento de uma família. Por mais penosa que seja a condição dessa mulher, é ela mesma que deve buscar os recursos para manter com dignidade as crianças. O lugar de Jovino é na escola e junto com os irmãos, aos quais poderá ser de alguma valia; responsabilidade total, nunca! Por mais que nos doa a situação de Jocélia, abandonada pelo companheiro irresponsável, não podemos externar pensamento diferente.

Relegado a um segundo plano dentro do esquema doméstico, o garoto que não atingiu o pleno uso da razão escapuliu para a ilegalidade. Não questionado pela família, sua tendência é dar continuidade a essa opção infeliz, até o momento em que o traficante maior coloque uma arma em sua mão e então o caminho não terá mais volta.

> – Triste destino dessas almas infantis, que não recebem a assistência a que têm direito, no tempo certo, isto é, na

infância e adolescência! – exclamou Ângela, com sentida entonação na voz.

– Muito bem, garota. Você aprende depressa, já está falando como gente grande. Não fique, porém, desanimada. Há muitos pais se posicionando quando veem as coisas se complicarem. Ainda daremos um susto em Jocélia e ela, depressinha, irá buscar o filho na rua.

***

Paulina, tendo se esgotado o tempo necessário ao repouso, assumiu a vida normal de uma adolescente. O namoro acabou. Desencantada com Maurício, resolveu dar um tempo.

Nada melhor do que um período de afastamento para que os jovens entendessem melhor os próprios sentimentos, e avaliassem a profundidade que deveriam dar ao relacionamento. As gozações das amigas consideradas experientes não a incomodariam. Sua vontade estava fortalecida; até parece que a queda do cavalo favoreceu seu posicionamento. "Eu sou mais eu" – respondia, com indiferença, aos comentários maldosos daquelas que haviam experimentado o sexo e já se encontravam a caminho do desencanto.

– Ela teria razão, Luiz Sérgio, se ficasse aborrecida. Afinal, o que há de extraordinário em se recusar à prática do sexo quando se tem apenas 14 anos? Há tanta coisa interessante para fazer nessa idade, que a garotada não tem necessidade desse tipo de prazer. Considerando que o adolescente é volúvel e não está pronto para um envolvimento duradouro, para que arriscar?

Ângela fez uma boa colocação. Muitas feridas psíquicas são adquiridas por atitudes irrefletidas na fase juvenil. Depois vêm a autorecriminação, o pessimismo e o arrependimento.

Paulina não tem noções muito claras sobre o assunto, mas recebe boa intuição de espíritos amigos que não querem que ela sofra. Todos os seres humanos receberiam boa orientação se estivessem sintonizados com Deus por intermédio de seus mensageiros conhecidos como anjos ou santos, se não levassem uma vida vazia em matéria de oração ou, pelo menos, de reflexão. Os maiores erros dos encarnados são motivados por atos impensados, praticados ao sabor das emoções. Pensar faz muito bem para a alma e, consequentemente, para o corpo.

Uma entidade muito jovem, desencarnada recentemente, faz um desabafo muito particular, lamentando sua falta de conhecimento a respeito da vida espiritual:

"Tinha apenas 14 anos quando desencarnei, por força dos maus hábitos cultivados em vida. Era muito jovem ainda, mas conhecia a cocaína desde os 12 anos e para isso me sentia adulto. Meus pais eram evangélicos e tentaram tirar-me à força do vício que eu alimentava, furtando objetos de qualquer pessoa que marcasse bobeira. Falavam da religião e da Bíblia. Queriam que eu a lesse em determinados pontos e ainda colocaram o Pastor no meu encalço. Esperavam minha conversão, mas eu era um rebelde, não me interessei pela utilidade da oração.

"Não sei se era a forma como faziam na igreja, ou se era uma aversão pessoal; o certo é que eu não rezava. Não me impressionava saber que oravam por mim. Minha mãe chamava-se Angélica e meu pai era o Nestor da venda. Gente humilde que ganhava a vida com o suor do rosto. Eu, um filho imprudente não tive inteligência para entender a preciosidade daquela afeição verdadeira.

"Um dia saí de casa e não deu para voltar. Ao cheirar seguidamente a cocaína, para amortecer a ansiedade e a desilusão, pensei ter adormecido. Na verdade, meu corpo morreu naquele momento e a alma que eu nem sequer admitia existir perambulou sem rumo, por vielas e esquinas. O tempo que transcorreu entre a morte e a consciência ainda não consigo precisar. Só me lembro que ía de lá para cá, numa busca tresloucada pelo pó ao qual me afeiçoara. Como é terrível a dependência! Quantas dores ela provoca, no corpo e na alma! Sentia-me um escravo preso a grossas correntes. Não conseguia pensar em outra coisa, nem mesmo em algum alimento. Parecia um morto-vivo.

"Hoje sei que as orações continuavam no lar que abandonei. Com certeza foi por influência delas que um grupo de espíritos jovens se aproximou de mim. Se não fossem jovens como eu, talvez não fossem bem recebidos. A aparência despojada e alegre cativou-me e confiei. Ofereceram-me um tratamento para a dependência;

cansado, ou melhor, exausto, eu aceitei. Engraçado, não fizeram nenhuma oração.

"Ampararam-me com seus braços fortes e caminhamos. De repente, perdi os sentidos. Quando acordei, estava numa espécie de clínica para dependentes. Muitos jovens estavam em tratamento. Passei pela terapia da conversa; remédio propriamente dito não me deram. Água, sucos vitamínicos, frutas e caldos davam-me uma sustentação suficiente.

"Ao cair da tarde havia um momento livre para oração. Era diferente de tudo o que eu conhecia. Uma música suave enchia o ambiente e a emoção era tão forte que chorei copiosamente. Ninguém veio questionar ou interromper. Quando pude me controlar, o tempo da oração tinha terminado. Nos dias seguintes as lágrimas diminuíram e os pensamentos apareceram. Pedi a Deus que me perdoasse e visitasse meus pais, dando-lhes o conforto. Que me esquecessem, assim como eu nunca me importara com o sofrimento deles. Enfim, eu estava conversando com Deus! Não recitava salmos ou orações decoradas, falava de alma livre, colocando para fora todos os meus "grilos". Estava desabafando e foi assim que melhorei. Compreendi que rezar é falar com Deus. Agora gosto de fazer isso e sinto os efeitos benéficos da oração: novo ânimo, paz e vontade de viver.

"Meus pais talvez não leiam essas palavras, mas assim mesmo quero dizer-lhes que hoje estou bem e no futuro estarei muito melhor. Com saudades e amor."

Geninho

O companheiro que deu um testemunho real de suas vivências ainda não adquiriu a noção precisa do que seja a oração. Quando afirmou que os jovens não rezaram, estava se reportando à prece dos lábios, a única que conheceu no lar terreno. Nosso grupo oferecia a prece das mãos que trabalham e do coração que ama. Assim, em qualquer circunstância, em toda hora do dia, podemos fazer a oração do trabalho bem feito, do sorriso que alegra o ambiente, da palavra que conforta e inspira esperança. A oração do exemplo é a mais completa. Jesus, nosso líder, não passou seus trinta e poucos anos sentado em um banco articulando palavras de louvor ao Pai. Longe

98 *O Despertar de uma Nova Era*

dessa atitude extática, Ele foi um batalhador, agiu com persistência, deu uma poderosa demonstração de trabalho construtivo.

Tudo se transforma em oração se a alma estiver empenhada naquilo que faz, desde o banco escolar até a oficina de trabalho. Se a consciência estiver tranquila, todos os gestos e ações serão um hino de adoração ao Criador que nos deu a vida, a inteligência e a missão de construir nosso próprio futuro.

***

Jovino, o pequeno repassador, saiu para mais uma arriscada atividade. Sentindo que estava perdendo a clientela da escola, que lhe proporcionava uma boa porcentagem de lucros, resolveu aproximar-se mais um pouquinho do educandário. A pracinha onde costumava marcar presença já não era um ponto muito rentável, pois faltavam interessados. Querendo descobrir qual era o mistério, o ingênuo garoto passou a fazer uma ronda sistemática pelos arredores da escola.

Os dois seguranças, Jorge e Aparecido, estavam mais atentos do que nunca. A direção escolar solicitara uma orientação mais técnica do pessoal do setor de entorpecentes, tudo sigilosamente, com o intuito de descobrir o autor do tráfico. É evidente que não esperavam encontrar um garoto mirrado, carregando a tiracolo um veneno tão perigoso.

Nossa turma estava presente quando Jovino decidiu atravessar o canteiro do jardim que circundava a escola e dar uma espiadela no seu interior. Naquele instante ele estava limpo, quer dizer que já havia efetuado as entregas do dia. A curiosidade em conhecer um ambiente proibido para crianças da periferia foi a causadora de sua descoberta. Ao entrar no pátio externo, Jorge, que o observava a distância, acercou-se do garoto e pediu explicações. Jovino, devido a pouca idade gaguejou, porque era bastante inseguro. Ainda não tinha adquirido a malandragem necessária para sair-se bem em qualquer circunstância.

Nesse exato momento chegava ao local uma funcionária de nome Izilda, que o reconheceu como passador de droga. Ela o vira, tempos atrás, entregando um papelote a um dos rapazes que todos sabiam ser usuário. Calou-se, na ocasião, mas agora estava com coragem suficiente para denunciar.

Reciprocidade

99

– Mas é apenas uma criança – interveio a orientadora educacional.

– Criança também trafica – argumentou Jorge, sentindo-se feliz pelo trabalho realizado.

– Vamos entregá-lo à polícia ou a algum setor de amparo ao menor – sugeriu Aparecido que, depressa, juntou-se ao grupo.

– Não e não! – insistiu a orientadora educacional.

Com cuidado íamos conseguindo contornar a situação, a fim de que o garoto fosse entregue à mãe, após esse susto infernal. Jovino tremia e suava por todos os poros. Criança, rica ou pobre, é sempre um ser imaturo, do ponto de vista orgânico e emocional. Traficar na rua era uma coisa, enfrentar uma turma de adultos enfezados era bem outra. Ser levado à polícia ou aos infelizes depósitos de menores, nem pensar. Continuamos a influenciar mentalmente a orientadora, pessoa mais acessível às nossas inspirações. Sendo ela a responsável pela administração da escola, no momento, tomou uma decisão enérgica:

– Vamos revistá-lo; se nada houver de comprometedor em seus bolsos ou na mochila não envolveremos a polícia, por falta de provas. Seria uma denúncia vazia e, talvez, injusta. Chamaremos os pais para uma conversa bem séria, e a funcionária que afirma ter presenciado o tráfico poderá adverti-los sobre a suspeita...

– Mas não é suspeita, eu o vi passando um papelote, numa atitude estranha, e tenho certeza de que era droga.

– Mesmo assim, Izilda, tudo não passará de uma suspeita se ele não for apanhado em flagrante. Será a sua palavra contra a dele.

Aquele momento foi providenciado por espíritos amigos; sabíamos que nada havia com o garoto que pudesse incriminá-lo. Queríamos a sua reforma, não a sua prisão inútil. Prevaleceu o bom senso da orientadora e a mãe foi chamada.

Jocélia quase caiu das nuvens quando chegou ao educandário. Abrindo o coração para o pessoal administrativo, falou de suas dificuldades em controlar os passos do menino. Afirmou, com convicção, que Jovino era um ótimo filho, trabalhador e carinhoso com a família. Tudo o que lucrava com a venda de doces nos semáforos era destinado ao sustento dos irmãos menores.

– No momento ela estava sendo sincera, Luiz Sérgio. Era isso mesmo que ela pensava do filho, certo?

– Até aquele momento crucial, sim, Ângela. Sendo uma mulher inteligente, Jocélia compreendeu depressinha a gravidade da situação.

Ao lado da mãe procurávamos inspirar-lhe o procedimento correto. Não era nossa intenção ver a criança prejudicada; pelo contrário, queríamos abrir-lhe os olhos para socorrer o filho enquanto era tempo.

Ficou estabelecido um impasse; do ponto de vista legal o único erro palpável de Jovino foi entrar sorrateiramente no colégio. Para uma criança isso nem pode ser considerado uma falta grave. Crianças entram e saem de lugares privativos sem a menor cerimônia. Que mal haveria em uma criança pobre querer conhecer uma escola de ricos?

Esses pensamentos conciliadores eram lançados por nós e os mais sensíveis captavam e íam assimilando.

Jocélia recebeu a admoestação da orientadora e dos seguranças como um conselho para evitar futura ocorrência. Ela entendeu o recado, prometendo a si mesma que o filho não ficaria mais à mercê de maus elementos. Providenciaria o retorno de Jovino à escola, mesmo que tivesse de suplicar auxílio a uma de suas patroas, revelando a delicadeza da situação. Tudo esclarecido, mãe e filho foram dispensados. O pessoal do colégio continuaria atento.

Jovino revelou então seu lado infantil: segurou o braço da mãe em busca de proteção, com a mão trêmula e fria. Afinal, era apenas uma criança! Para muitos seria mais um pivete, um trombadinha ou um mau caráter de nascimento. Para nós, espíritos compromissados com a reestruturação social, é mais um irmão desamparado, necessitado de correção e reajuste, mas sobretudo, de amor.

***

Só o amor reajusta, equilibra e dirige o ser humano para conquistas superiores. Amparar a infância é uma das mais nobres tarefas a que se deve propor a sociedade.

Reciprocidade 101

– Uma boa maneira de amparar a infância não seria proporcionar uma condição satisfatória de vida à família? Família ajustada, morando em residência digna, tudo faria para dar assistência aos filhos; estou certa? – perguntou-nos Ângela.

Nossa amiga está certíssima. Voltando à história, comparemos a situação de Paulina com a de Jovino. Ela tem 14 anos, ele tem 12. Ela frequenta a oitava série, ele nem concluiu a terceira. Onde está a diferença? Alguns espíritas dirão que está na condição espiritual inferior do garoto. Lembramos que, em matéria de ciência humana, as coisas não são tão exatas assim. Almas bem acolhidas e encaminhadas podem crescer bastante, apesar das diferenças de bagagem espiritual. Se assim não fosse, de que valeria a reencarnação?

Jovino não é tão mau quanto pode parecer. Tem suas dívidas, seus acertos, mas, quem não os tem? Paulina e seus amigos privilegiados pela fortuna também não os terão?

Espíritos Superiores esclarecem-nos, em *O Livro dos Espíritos*, que a miséria física ou moral não é imposição das leis divinas; antes, resulta de uma desorganização social. Deus não é um Pai pobre, que não possa acolher os filhos no plano físico com o mínimo necessário à sobrevivência.

O que mais prejudica a humanidade é a ganância dos poderosos, que fazem o mundo girar a seu favor. Não olham para os lados e, por conseguinte, não percebem a fila dos famintos, dos analfabetos, dos seres despojados de quase tudo, até mesmo do mínimo de dignidade humana.

Encontramos em *O Livro dos Espíritos*, questão 717, esta pergunta: Que pensar daqueles que monopolizam os bens da terra para se obter o supérfluo, em prejuízo daqueles a quem falta o necessário?

Eis a resposta que Kardec obteve: "Eles desconhecem a lei de Deus e responderão pelas privações que terão feito experimentar. O limite do necessário e do supérfluo nada tem de absoluto. A civilização criou necessidades que a selvageria não tem, e os Espíritos que ditaram esses preceitos não pretendem que o homem civilizado deva viver como o selvagem. Tudo é relativo e cabe à razão distinguir cada coisa. A civilização desenvolve o senso moral e, ao mesmo tempo, o sentimento de caridade que leva os homens a se prestarem mútuo apoio. Os que vivem à custa das privações alheias exploram os benefícios da civilização em seu proveito; não têm da civilização senão o verniz, como há pessoas que não têm da religião senão a máscara".

No Evangelho, Jesus promete a paz e a bem-aventurança para todos os que colocam seu objeto de desejo nas coisas espirituais, que são imperecíveis. Tudo o mais é ilusório ou passageiro: saúde, dinheiro, juventude, projeção social. Ao retornar ao mundo dos espíritos – e todos retornam! – o ganancioso se depara com os bolsos vazios, com a conta bancária zerada, os talões de cheque e cartões de crédito anulados. Então...

***

Finalizamos esta narração expondo para os leitores que Maurício e Paulina seguiram caminhos diferentes. Se tivessem aprofundado o relacionamento, talvez esse tivesse se transformado numa mera aventura amorosa, que poderia produzir os frutos da insatisfação ainda em plena adolescência.

O pai da garota ficou esperto quanto ao fantasma da droga; o médico que relutava em falar abertamente sobre o assunto agora faz palestras em educandários, auxiliando os educadores com colocações mais científicas sobre o complicado problema.

Jovino arranjou um subemprego numa mercearia onde conquistou a confiança do patrão, pois é ótimo em fazer cálculo e no relacionamento com a freguesia. Depois do susto Jocélia tomou uma atitude enérgica e o menino, após o trabalho, pega os livros e vai para um curso noturno. Já está terminando a quinta série.

O padrasto de Jovino voltou para o seio da família. Os espíritos também colaboraram para o entendimento do casal.

Outros traficantes estão de olho naquele educandário, como em outros mais. A melhor saída é o esclarecimento da juventude.

A sociedade pode contar com a ajuda espiritual em larga escala, mas terá forçosamente de fazer a sua parte, corrigindo distorções e concedendo a todos os cidadãos os direitos que a Constituição lhes confere.

Ave, Maria!

"Eu te saúdo, Maria, porque és cheia de graça".

A saudação do anjo a Maria evidencia a sua condição excepcional de espírito bem-aventurado e puro, que fez jus à incumbência honrosa de mãe de nosso Mestre e Senhor. Para recepcionar o governador do mundo somente um vaso ilibado, de pureza angelical, incapaz de macular o seu conteúdo sublime.

Maria, a meiga adolescente, recebeu a incumbência que fez por merecer e à qual fora predestinada. Aconchegou ao seio e nutriu com o leite de sua alma o Divino Peregrino, que desceu das alturas celestiais para arrancar da ignorância as criaturas da Terra. Predestinada, ela não se envaideceu. Assumiu a responsabilidade com a postura das grandes almas. Seu espírito conhecia, por antecipação, todos os pormenores da missão; sabia de suas alegrias e dores, mas não recusou a taça que o céu lhe oferecia.

Maria é pura graça e beleza; é anjo em forma de mulher, é ternura e força que irradia, que imanta e purifica. Falar desse ser angelical é ao mesmo tempo fácil e difícil. Se de um lado gratifica-nos pensar na grandeza desse espírito, do outro, sentimos o despreparo do nosso entendimento e a pobreza do vocabulário humano. Em vista disso, optamos por encerrar nossa breve consideração com uma prece de louvor:

"Maria, mãe sublime de Jesus e da humanidade que Ele representa: nós te agradecemos, Senhora, pelo desvelo que nos dedicas ao longo do tempo. Como o teu Filho, também esperas pela nossa conversão e aguardas o momento em que, contritos, nos aproximemos dos seus sábios ensinamentos.

"Espírito angélico, abençoa-nos e dá-nos força na hora dos perigos ameaçadores. Nos instantes de alegria acerca-te de nós, mãe querida, e, como fiel guardiã do Cristianismo Redivivo, não permitas que nos desviemos da rota.

"Abençoa nossos propósitos mesmo que percebas nosso grau de insuficiência; cobre-nos com teu manto de doçura e, ao término da jornada, conduze-nos a Jesus, o fruto abençoado de teu ventre".

***

Precisávamos de um momento de suavidade e encontramos a melhor opção: refugiar-nos sob a tutela de uma mãe amorosa, assim como os encarnados procuram o colo materno para confiar problemas e dissabores. Temos escrito sobre a importância de falar com Deus; realçamos, também, a importância de conversar com Maria, de expor conflitos e dificuldades, ocasião em que ela nos atende com compreensão e auxílio. Falar com Maria, refletir sobre Maria, é garantia de um envolvimento harmonioso; é certeza da aquisição do equilíbrio e revigoramento das energias.

Nós, espíritos, oramos muito, pois precisamos arrebatar os dons que vertem das alturas; precisamos da iluminação interior para a realização de nossas incumbências; necessitamos das energias superiores que os mensageiros do Cristo distribuem a mancheia. Não ficamos soltos na erraticidade, à mercê dos nossos pequenos valores e méritos; temos a quem nos reportar e, em moldes semelhantes aos do plano físico, estamos submetidos a superiores hierárquicos que, por sua vez, recebem orientação e determinação de uma ordem mais elevada. Falamos, evidentemente, dos espíritos engajados na esfera de trabalho do bem. Excluídos ficam os revoltados, os rebelados e todos os que se encontram – temporariamente – perdidos no labirinto da desordem mental, do ódio, dos vícios e da inconsciência.

Ave, Maria! 105

De uma forma muito íntima, busco socorro e inspiração em Maria; na sua confiança inabalável na Providência divina; na generosidade ao abrir mão de suas prerrogativas de mãe para deixar Jesus partir, sem chantagens nem dramas emocionais, consciente de sua missão e responsabilidade. Exemplo para todas as mães, ela é o modelo que os cristãos podem seguir sem erro, pois como Jesus nos levará ao Pai, Maria sempre nos encaminhará para o Filho.

Reabastecido por energias renovadas prosseguimos com a tarefa de escrever, enviando para os irmãos do plano físico histórias que levantem o ânimo, que sirvam de alento e alerta, que divulguem, sutilmente, as lições de sabedoria que o Mestre nos legou. Somos pequeno discípulo e somente em seu nome queremos obrar. Por Cristo e com Cristo, por intermédio de Maria, estaremos sempre no bom caminho.

***

Vejamos a história da pequena Aline. Ela corria pela casa, cantando feliz, na comemoração de seu oitavo aniversário. A alegria parecia contagiar o pequeno grupo de amigos da escola e da vizinhança. A festa era apenas para crianças, e os adultos que pegaram carona com os filhos ficaram à parte, conversando sobre as coisas sérias da vida. A reunião ia a bom termo quando Cecília, uma das convidadas, entrou correndo no ambiente da "gente grande" avisando sobre a chegada de uma correspondência para os donos da casa.

Lucila e Laércio, os anfitriões, pediram licença aos convidados e se dirigiram ao portão onde o carteiro os aguardava para assinar o comprovante de recebimento. Isso feito, eles abriram o telegrama com ansiedade e leram a notícia pesarosa do pai de Lucila, comunicando o falecimento repentino de uma filha. Tudo aconteceu tão depressa que os pais, moradores de uma região distante e desprovida de melhor meio de comunicação, davam a informação com algum tempo de atraso.

As lágrimas brotaram nos olhos de Lucila e a festa alegre da garotada foi encerrada antes da hora. Felizmente já haviam cantado o "parabéns para você" e os convidados adultos se despediram, permitindo ao casal amigo um momento a sós para refletir e tomar decisão.

106 *O Despertar de uma Nova Era*

- Você quer visitar seus pais, Lucila? O corpo de sua irmã já foi enterrado, mas nossa presença pode suavizar a dor da perda de nossa pobre e querida Matilde.
- Ela não era uma pobre coitada, Laércio. Somente porque nasceu com um aleijão não podemos considerá-la um ser inferior. Mesmo andando com certa dificuldade ela era a mais ágil de nós, a mais dinâmica e trabalhadeira.
- Não quis ofender, meu bem. É somente um jeito de falar... Você quer ir?

Lucila sentou-se na cama de casal. Olhando para o espelho da penteadeira ela contemplava a própria imagem, mas parece que ali via refletida a figura da irmã querida. Quando Matilde veio ao mundo com uma perna mais curta, os pais, Adolfo e Berenice, tiveram um ímpeto de tristeza. O parto realizado por uma parteira deixava dúvida sobre a perícia da gentil senhora. Como todas as crianças da região vieram à luz pelas mãos cuidadosas de dona Genoveva, o assunto nem chegou a ser discutido. Aceitaram a realidade como sendo vontade de Deus e nunca questionaram o trabalho da velha amiga.

Lucila era mais velha alguns anos, o suficiente para cuidar da sua bonequinha de verdade com desvelo comovedor. À mãe, dona Berenice, cabia apenas o aleitamento e cuidados essenciais; todas as outras providências, como troca de fraldas, dar a chupeta ou aconchegar nos momentos de choro ficavam por conta da irmã mais velha, não por imposição, mas por livre vontade de Lucila.

O pai, Adolfo, observava aquele apego e comentava:

- Até parece que ela é a mãe! Se fosse obrigada, talvez não correspondesse com tanto empenho, Berê.
- Acho bonito o amor entre irmãos, marido. Ela não percebe, mas estou sempre por perto observando e protegendo as duas.

Adolfo e Berenice, que ele chamava carinhosamente de Berê, formavam um bonito casal. Havia harmonia naquela casa e a vinda de uma filha deficiente não alterou o bom astral do lar.

O médico ortopedista sugeriu uma bota especial que ajudaria Matilde a andar, sem muita elegância e rapidez, pois foram constatados

Ave, Maria! 107

leves prejuízos na formação da bacia. Os conformados pais acompanharam o desenvolvimento da menina da forma que puderam, numa região de poucos recursos da medicina.

Lucila e Matilde cresceram unidas por um laço de amizade muito estreito, que as distinguia dos demais irmãos. Nunca brigavam e, se alguém ousava molestar a pequena deficiente, a mais velha tomava sua defesa antes mesmo que os pais o fizessem. Era seu anjo tutelar, se assim podemos nos expressar. Analisando o vínculo espiritual que as unia descobrimos facilmente o motivo da afeição: em vida passada Lucila fora filha de Matilde e estava a lhe devolver, em forma de assistência, o carinho de outra época.

> – Enredo bonito tem esta história, você não concorda, Karina? – perguntei emocionado à amiga e ela concordou integralmente.

Cansado de relatar desfechos trágicos entre os encarnados em histórias de ódio e violência, escolhi uma mais suave, rica de nuanças de dedicação e ternura, para revelar outro perfil da personalidade humana, que pode ser bastante rico em qualidades. O ser humano percorreu um trajeto evolutivo que se perde no passado longínquo, e está adquirindo e aprimorando virtudes, o que nos dá a certeza de épocas melhores.

Há muita gente boa por aí, na esfera terrena. Gente honesta, lutadora, que progride material e intelectualmente sem explorar ninguém. Para os espíritos fica mais fácil identificar essas pessoas, mas, com a devida atenção, todos podem perceber que falamos a verdade.

Diz-nos *O Evangelho segundo o Espiritismo* que há mundos ainda mais primitivos do que a Terra, onde consideraríamos a vida insuportável. Pois bem: o nosso lar terreno está muito violento e agressivo; há dificuldades sociais difíceis de erradicar, mas poderia ser ainda pior se não mesclassem, entre os seus habitantes, muitas almas em franco processo de evolução; almas que se esforçam para se melhorar intelectual e moralmente; homens de bem, como caracterizou Kardec: aqueles que ensinam e praticam os verdadeiros princípios da caridade, distribuem consolação aos aflitos e dedicam amor ao próximo, revelando uma frequência de abnegação e altruísmo.

108   *O Despertar de uma Nova Era*

Em meio às dificuldades o ser humano por vezes se torna míope, deixando passar despercebida a presença de milhões de companheiros dignos, empenhados no progresso pessoal e, por consequência, colaboradores do progresso social.

A humanidade escapou do primitivismo e está lançando os alicerces de sua própria maturidade espiritual, mesmo que boa parcela ainda não tenha preocupações diretas com o espírito. Não importa o sistema filosófico que impera no planeta; pela força das circunstâncias, que são administradas sabiamente pelo Alto, a humanidade tem evoluído satisfatoriamente, desde que abandonou as cavernas e as florestas.

São os mesmos seres que voltam a novos cenários geográficos, pela oportunidade única que a reencarnação oferece. O fato de desconhecer essa verdade não impede a evolução humana, embora saibamos que o aprofundamento nas realidades espirituais poderia apressar o processo de crescimento. Mesmo assim, o projeto que Deus idealizou para nós está se cumprindo, e somos hoje mais sábios do que no passado remoto; temos uma consciência mais lúcida e uma mentalidade mais enriquecida. Quando mergulharmos na era do espírito, promovendo conscientemente nossa auto evolução, nossos passos se agigantarão e ganharemos impulso para novos voos mentais e espirituais.

***

Lucila voltou a si depois de um longo devaneio em que o passado aflorou com toda a força, e ela reviveu emocionalmente as cenas vividas na infância.

Laércio concedeu à esposa o tempo necessário para se decidir. Enquanto esperava tomou decisões de ordem prática, que incluía a verificação do dinheiro disponível para a longa viagem. Quando a esposa saiu do quarto, percebia-se profunda alteração no seu quadro mental. Parecia mais lúcida e forte. Irradiava tranquilidade, apesar da tristeza presente em seu semblante.

– Vamos providenciar a viagem com calma, Laércio. Já não temos pressa, pois nossa Matilde não está mais por lá – ponderou Lucila.

Ave, Maria!

O marido ficou satisfeito e ao mesmo tempo surpreso com a atitude da mulher. Afinal, ele sabia da história de carinho que envolvia as duas irmãs. Dessa maneira considerava uma bênção o estado de equilíbrio demonstrado por Lucila. Aline precisava muito de uma mãe equilibrada e Laércio alegrou-se intimamente com o autocontrole da mulher.

O que teria proporcionado a Lucila uma reviravolta nas emoções é o que passaremos a analisar. Entrando em estado de meditação, a jovem senhora captou os sentimentos de Matilde, agora muito mais fortes, verdadeiros sentimentos de mãe. O envolvimento foi tão poderoso que ela julgou sentir o abraço da irmã, da forma como os médiuns sentem uma aproximação espiritual. Lucila ainda não se dera conta da mediunidade latente que carregava consigo, mas o tempo se encarregaria dessa parte.

Matilde, agora em corpo espiritual, adquirira lucidez necessária para fazer esse envolvimento amoroso, mesmo a distância, por um processo de irradiação que provocou um efeito anestesiante em Lucila, permitindo que ela readquirisse o vigor que sempre a distinguiu dentre os irmãos. Não estamos afirmando que a recém-desencarnada já recobrara a memória do passado, mas o amor pode fazer-se irradiar. Liberta do corpo físico que age como um amortecedor, suas vibrações se expandiram ao grau máximo, fato que levou Lucila a sentir-se aquecida por dentro, como se uma mãe muito amorosa se fizesse presente.

– Mistérios do mundo dos espíritos, frade!

Era Enoque que, com seu ar brincalhão, aproximava-se para participar de nossa narração.

– Explique melhor, Raíto, porque não queremos passar para os leitores a ideia de que o Espiritismo é uma doutrina misteriosa, o que não corresponderia à verdade.

– Claro que não. O Espiritismo oferece uma revelação clara, concisa e acessível a todas as mentes abertas para a verdade. Brincamos com o leitor ao falar de mistérios do espírito, pois sabemos como é difícil explicar aos encarnados os mecanismos profundos do corpo espiritual. Da essência espiritual, então, não haveria como falar, pois até para nós esse é um terreno muito pouco conhecido.

110   *O Despertar de uma Nova Era*

– Há muitos espíritas fazendo revelações distorcidas porque interpretam mal a vidência, quando mentores amigos levantam, para eles, a pontinha do véu... O que pensa disso, Enoque?

– É uma dificuldade natural, visto que as vibrações diferentes entre o mundo dos homens e o espiritual constituem barreiras difíceis de transpor e de compreender. Por isso nos privamos de aprofundar nos detalhes, que só complicariam o raciocínio da galera, em vez de esclarecer. Concorda, Luiz?

– Assino em baixo, Enoque. No entanto, quando um escritor deixa muitas lacunas nas explicações, mentes mais aguçadas reclamam. Querem ampliar o horizonte do entendimento e, nesse caso, concordamos que a natural curiosidade é fonte de sabedoria...

– Sei a que tipo de pessoas você se refere, Luiz, mas afirmo que são a minoria. A maioria é curiosa, mas não tira proveito das informações. Não se auto analisa e se contenta apenas com os acessórios da informação. Acha interessante o que lê, discute com os amigos, mas não ajusta o comportamento ao novo conhecimento. Quer só um exemplo? Os cristãos, de forma geral temem o inferno, mas quantos se preocupam em levar uma vida virtuosa para não se tornarem merecedores de tão terrível castigo? Nesse caso, de que adiantou alimentar essa crença se as pessoas não se tornaram melhores?

– Vou ampliar seu raciocínio, Enoque: os espíritas tremem ao ouvir a palavra umbral, mas nem todos vivem de forma a merecer o ingresso numa região mais bonita. Alguns chegam ao extremo de pensar que o umbral se destina a receber os que professam outros credos, ou os que não professam religião alguma!

– Realmente, falta muito conhecimento para nossos amigos espíritas. Nós sabemos que as regiões sombrias, conhecidas como umbral, são criações mentais de espíritos imperfeitos, e para lá irão os que estiverem de acordo com suas pesadas vibrações. Corpo

espiritual denso, contaminado por impurezas e vicia-
ções, não tem como ascender a paragens superiores e
permanece atado à esfera próxima do globo. Quanto
mais perto da crosta, mais baixa a vibração. A crença religiosa pouco importa; importantes são as ações
que determinam uma vibração de alto ou baixo potencial energético.

***

Agradecemos a participação de Enoque e retomamos à narrati-
va, lembrando que em nosso plano temos à disposição um estupendo
laboratório, com recursos inimagináveis, para atuar junto dos encarnados que se fazem merecedores da ajuda. Esses recursos foram
aplicados em Lucila, por isso sua dor foi suavizada e ela readquiriu a
harmonia interior, extremamente necessária para a segunda etapa de
sua vida, quando deverá exercer a mediunidade.

Nós, espíritos, temos conhecimento da eficácia dos fluidos e
sabemos como utilizá-los, em favor de encarnados ou desencarnados. Kardec, em *A Gênese*, elaborou explicações objetivas sobre a
qualidade dos fluidos, que podem ser manipulados por bons ou maus
espíritos e até por espíritos encarnados. Os bons sentimentos e os
bons pensamentos projetam fluidos puros, delicados, que causam
bem-estar e podem provocar curas inexplicáveis pela ciência terrena.
Os maus espíritos fazem exatamente o contrário e podem provocar
desordens físicas. Cabe às pessoas com discernimento controlar as
próprias emoções, para não agirem contra si mesmas atraindo para
si fluidos doentios.

Observem o que Kardec escreveu: "(...) Os fluidos não têm
denominações especiais; como os odores, são designados por suas
propriedades, seus efeitos e seu tipo original. Sob o aspecto moral,
carregam a marca dos sentimentos de ódio, da inveja, do ciúme, do
orgulho, do egoísmo, da violência, da hipocrisia, da bondade, da
benevolência, do amor, da caridade, da doçura, etc; sob o aspecto
físico, são excitantes, calmantes, penetrantes, adstringentes, irritan-
tes, dulcificantes, soporíferos, narcóticos, reparadores, eliminadores;
tornam-se força de transmissão ou de propulsão, etc. O quadro dos

112 *O Despertar de uma Nova Era*

fluidos seria, pois, o de todas as paixões, das virtudes e dos vícios da Humanidade". (*A Gênese*, cap.14. item 17)

Desconhecendo o poder grandioso do pensamento, muitos encarnados preparam para si um coquetel bastante desagradável ao permanecer longo tempo em estado de agitação, irritadiços ou deprimidos. Os fluidos estão aí, no éter cósmico, como criações maravilhosas de Deus. Nesse fluido estamos todos mergulhados, nele nos movemos e agimos constantemente – os que estão no corpo denso e nós, habitantes do mundo espiritual. A diferença está na maior pureza dos fluidos espirituais, se comparados com os da região mais próxima do mundo físico.

Previnam-se, pois, os companheiros encarnados, de não cultivar sentimentos mesquinhos em relação ao próximo ou a si mesmos, pois estarão, inconscientemente, a manipular fluidos que podem ser bastante tóxicos e agressivos ao corpo físico e espiritual. Muitas enfermidades têm sua origem nessa manipulação inconsciente, porém bem real e verdadeira, podem acreditar.

Muito socorro já prestamos a seres adoentados, que assim se tornaram após longo processo de angústia, alimentada sem a contraposição da prece e da meditação. Vale ainda o conselho: quando estiverem para explodir, desviem o rumo do pensamento, coloquem uma boa música no aparelho de som e pensem na beleza da vida; no raio de sol que enfeita o horizonte e higieniza a terra; na riqueza das flores que adornam a paisagem, ou no canto dos pássaros alegres e satisfeitos com a existência. Aí sim, a saúde será refeita e as energias positivas voltarão ao corpo físico e mental.

Lucila certamente não possuía muitos conhecimentos, mas os benfeitores espirituais tentaram protegê-la, assim como protegem todos os seres de boa vontade. Jesus prometeu assistência permanente à humanidade terrena, e Lucila precisava do maior apoio para ingressar nas fileiras dos trabalhadores do Senhor. Receberia muita assistência espiritual durante a vida, para que seu cosmo orgânico não se desestruturasse antes do tempo, da mesma forma que os tarefeiros da espiritualidade são auxiliados no cumprimento de seus deveres. Há uma perfeita reciprocidade entre os planos físico e espiritual, quando ambos se harmonizam em busca de um objetivo comum. São forças que se entrelaçam formando uma corrente poderosa, que

Ave, Maria! 113

não se quebrará ao sabor das intempéries provocadas pelas legiões invisíveis que tentam retardar o progresso humano.

***

Dias depois encontramos Lucila e os familiares reunidos em confortável residência, numa pequena cidade da formosa e agreste região amazônica. Reunidos numa grande sala estavam Adolfo, Berenice, Lucila, Laércio e demais familiares, partilhando, todos, o mesmo sentimento de pesar provocado pela morte súbita de Matilde; morte, para muitos considerada misteriosa. A pequena Aline juntou-se aos primos que brincavam tranquilamente no quintal enorme, bem provido de árvores frutíferas próprias da região.

– Conte-nos como tudo aconteceu – pediu Lucila, demonstrando o mesmo equilíbrio que já foi descrito.

– Ela mal adoeceu – explicou o pai. Quando nos preparávamos para levá-la ao hospital, Matilde teve uma síncope e faleceu em meus braços. O médico explicou, superficialmente, que uma artéria se rompeu em seu cérebro.

– Teria sido um derrame fulminante ou o rompimento de um aneurisma?!

– Só saberíamos com exatidão a causa da morte se a submetêssemos a uma necropsia, mas sua mãe e eu não desejamos isso. Ver nossa filha morta já era dor bastante; vê-la exposta e retalhada por mãos estranhas não iríamos suportar.

– E não houve problema de ordem legal? – inquiriu Laércio.

– Não, meu filho, desde que o doutor Ivânio, que lhe dava assistência desde a meninice, se prontificou a fornecer o atestado de óbito. Afinal, ele conhecia as mazelas de Matilde e o esforço desgastante que ela fazia para se manter ativa durante o tempo todo.

– Ah, ela era incansável! – suspirou Lucila. – Com certeza foi seu próprio dinamismo que a infelicitou organicamente, predispondo-a a uma morte prematura, quando mal completou 32 anos de vida.

114 O Despertar de uma Nova Era

– Vida alegre, mas sofrida – atalhou a mãe, que até então permanecera calada e pensativa.

O pranto desapareceu daqueles rostos amigos quando uma sensação de paz percorreu o ambiente. Dois vultos espirituais passeavam pela sala, aproximando-se de todos, osculando-lhes a face. Lucila sentiu de forma especial a companhia de Matilde, mas não identificou a outra presença, que sabemos ser a avó materna, desencarnada há uns vinte anos, quando Berenice entrava na idade madura.

Lucila sentiu-se especialmente confortada e aproveitou a ocasião para contar aos pais algumas ocorrências estranhas que vinham acontecendo, com certa frequência, desde que recebera o comunicado do falecimento da irmã. Referiu-se a alguns sonhos em que podia ver Matilde em boa companhia; sem a necessidade das botas ortopédicas ela caminhava com perfeição! Ao acordar, mantinha a sensação de tê-la ao seu lado por uns breves momentos, depois do que voltava a sentir-se só.

Os familiares atribuíram tais ocorrências ao excessivo amor que unia as duas irmãs e admitiam, em tese, a possibilidade da comunicação dos mortos. Dona Berenice, com sabedoria, fez a humilde colocação:

– Embora minha consciência registre que fui uma mãe amorosa, admito que, se Matilde puder vir até nós, ela deverá fazer seu primeiro contato com você, Lucila. Uma força estranha aproximou-as desde a infância. Seu pai e eu não entendíamos o motivo de tanta afinidade. O relacionamento de vocês sempre foi um mistério para nós.

– Lembro-me bem da dificuldade que tive para convencê-la a mudar-se para o sul do país – aparteou Laércio. – Não tínhamos como sobreviver aqui e minha profissão exigia um campo maior, mais populoso. Só com extrema dificuldade Lucila concordou.

As recordações vieram à baila e aconteceu uma "sessão nostalgia", como de praxe ocorre em reuniões familiares. Os assuntos se diversificaram e logo foram interrompidos pela entrada alegre e barulhenta das crianças, netos que felicitavam o casal e faziam superar a ausência da filha caçula.

Ave, Maria!

A permanência de Lucila em casa dos pais ensejou, como seria de esperar, uma visita ao cemitério. No túmulo destinado à família estavam enterrados os restos mortais de Matilde. A alma, porém, estava distante, em local sossegado, no qual se preparava para assumir deveres, consciente da necessidade de evoluir. Na lápide os pais registraram a conhecida inscrição: "descanse em paz", ignorando o quanto a vida do espírito pode ser movimentada e produtiva. Descanso eterno não existe no mundo físico, muito menos no dinâmico mundo espiritual.

O corpo físico decompõe-se e devolve à natureza os elementos de que é formado, que entrarão na constituição física de outros corpos. O corpo espiritual, que reveste o princípio inteligente ou essência espiritual, afasta-se para regiões etéreas em busca de afeições do passado.

Visitar um ente querido no cemitério é hábito ancestral, mas, em verdade, o espírito comparece em qualquer lugar onde os encarnados solicitam sua presença por meio do pensamento. Algumas entidades espirituais não gostam de voltar à beira do túmulo, quando não mais se identificam com os despojos ali depositados. Quando comparecem é apenas para atender aos apelos mentais emocionados dos seus, mas prefeririam se reunir em outro local. Há também entidades mais sombrias que se refugiam nos cemitérios.

***

Matilde atendeu aos apelos dos seus e juntou-se ao grupo que orava diante do túmulo, acompanhada por outros espíritos familiares. Pela primeira vez ela se aproximava dos despojos físicos em decomposição final e para ela foi um teste de firmeza e equilíbrio.

Nem todos os desencarnantes estão preparados para essa visão, pois o apego à vida física permanece atuante por tempo mais ou menos longo, de acordo com a condição espiritual. A aproximação do que restou do corpo aviva a memória, e as recordações podem fazer sofrer se o espírito não estiver completamente desapegado da vida material. A maioria não está, pois se sente presa a tudo o que deixou para trás.

As almas iluminadas deixam esse mundo abençoando o tempo vivido na carne, com a alegria de quem retorna ao seu *habitat* preferido, isto é, o mundo espiritual. Essas nada têm a lamentar, quando contemplam o horizonte que se descortina com um leque muito grande de possibilidades; não se prendem ao que passou, em obediência ao ensinamento de Jesus: "o reino dos céus é conquistado por aqueles que tomam do arado e não olham para trás". Espíritos desse nível constituem minoria na psicosfera terrena, até o momento, empobrecida dos grandes valores espirituais.

Pouco a pouco, as pessoas vão adquirindo uma noção maior da vida do espírito, que é realmente a mais importante. Vão entendendo, às vezes por força do sofrimento, que a permanência no corpo físico é passageira e, devagar, vão se preparando para fazer a viagem de volta. Essa tomada de consciência pode ser bastante lenta, mas acontece de fato.

Nós, que atuamos preferencialmente junto dos jovens, percebemos essa sutil mudança quando abordamos os desencarnados com a missão de esclarecê-los sobre o seu novo estado. Nem sempre é difícil colocá-los a par da realidade, pois a "ficha" logo cai e alguns dizem simplesmente: "ah, então estou morto"! Só temos que explicar que eles estão bem vivos e que a morte apenas operou uma mudança de vibração.

Quando alguém demonstra muita dificuldade na aceitação desse fato é porque a consciência está culpada, ou intoxicada por ideias preconceituosas, às vezes impostas ou reforçadas por alguns cultos religiosos.

Certa feita socorremos um desencarnado que insistia em dormir; não queria permanecer em vigília, alegando que seu culto falava no sono até o dia do juízo final. Temeroso de não ser julgado digno da salvação eterna, caso permanecesse acordado, enviava à própria mente um comando para adormecer e deu muito trabalho para a equipe médica equilibrar o seu psiquismo. Depois nos informaram os terapeutas que a situação se agravou porque o ilustre cavalheiro teria cometido vários deslizes no campo moral, e temia um acerto de contas com seus desafetos. Esse caso foi resolvido em tempo relativamente curto. Há casos mais complexos e de difícil solução.

Ave, Maria!

As religiões ajudarão muitíssimo no transe da morte, quando as revelações espíritas forem entendidas e apreciadas, o que não acontecerá de um dia para o outro. Todavia, a crença na perpetuação da vida é demonstrada constantemente pelos seres humanos, seja de forma explícita por meio da fé, ou de maneira indireta, quando se referem a alguém que partiu, externando o pensamento: "onde fulano estiver estará nos vendo ou ouvindo..."

É uma era espiritual estabelecendo-se na Terra com a erradicação dos preconceitos impostos pela ignorância, que serão expurgados pelo avanço científico, cumprindo-se a proposta que Kardec assimilou da Espiritualidade Maior: a religião e a ciência caminhando juntas, com objetivos específicos, porém não antagônicos, desde que visem ao crescimento e bem-estar de homens e mulheres, engajados na luta pela sobrevivência, de forma harmônica e saudável.

A crença no princípio espiritual não fere a dignidade humana; revela, igualmente, uma existência que não se extingue nem alcança seu apogeu dentro de um túmulo. Por mais pomposo que fosse esse, não poderia simbolizar o término de uma trajetória terrena inteligente, produtiva, útil a si mesma e à comunidade. O anseio humano é o de perpetuar-se e isso lhe foi concedido pelo Criador. Todos sabem, intuitivamente, que são seres eternos e apenas precisam se comportar como tais.

Nenhum espírito que socorremos em nosso plano admitiu a possibilidade de extinguir-se, de voltar ao pó ou, melhor dizendo, de voltar ao nada, ao *não-ser*. Por mais cavernosa seja a situação, por mais complicados que sejam os sentimentos, há sempre um profundo desejo de sobrevivência dentro de si. Mesmo os suicidas, quando caem em si, não desejam mais sumir do mapa; tudo fazem para recompor o psiquismo e se reajustar perante a Lei.

O Criador planejou seres perfectíveis, cuja perfeição será alcançada após a luta para romper os condicionamentos de natureza animal, que são necessários para a preservação da vida. Sob o controle da razão esses condicionamentos não impossibilitam o desabrochar das potencialidades da alma, o que comprova a sabedoria do Autor da vida.

***

À beira do túmulo vemos Matilde e uma comitiva espiritual envolvendo, numa atmosfera positiva, os seres encarnados que amavam. Lucila sentiu forte emoção quando a irmã se aproximou e, tomada de coragem e confiança, confirmou sua presença. Não houve quem duvidasse. Algumas lágrimas ainda vieram aos olhos de todos, sem maior sofrimento, reflexo apenas da saudade que estava se instalando nos corações.

Eles não sabiam que dentro em breve a querida Matilde voltaria do além para se comunicar com os chamados vivos, por meio da mediunidade de Lucila. Havia um planejamento anterior, e toda a afinidade de ambas afloraria no momento do transe mediúnico.

Havia uma tarefa a ser cumprida, como tantas no meio espírita, em que medianeiros conscientes de sua responsabilidade colocam-se à disposição do outro plano, para efetuar trabalhos de conscientização, de esclarecimento ou de cura. Dentro da visão espírita não existe o sobrenatural, como propõem ou supõem algumas religiões. Todos os fenômenos são naturais, mesmo que conduzidos por espíritos. Nada pode transcender as leis naturais determinadas pelo Criador. Toda a confusão tem origem no desconhecimento dessas leis, que, pouco a pouco, são reveladas pelos Espíritos do Senhor, encarregados da manutenção da ordem e do equilíbrio no planeta.

Dia virá em que o progresso científico confirmará a existência da dimensão espiritual; a humanidade já caminha nesse sentido. Estamos rompendo as barreiras do dogmatismo, do ceticismo e do materialismo, adentrando, com felicidade, em uma nova era, com certeza mais rica e exuberante.

A força construtiva do amor

Aline, a pequena personagem que teve a festa de aniversário interrompida pela chegada do carteiro, teria oportunidade de crescer em um lar bastante equilibrado, enriquecido pelos conhecimentos espirituais. Dos pais, Lucila e Laércio, receberia uma sólida educação, que não atenderia somente às exigências do intelecto, mas daria formação e iluminação à consciência.

A presença persistente de Matilde junto de Lucila e Laércio levou o casal a procurar orientação numa casa espírita, entre tantas que existem no Triângulo Mineiro. Orientados e entusiasmados com a perspectiva de entrar em comunhão com o mundo invisível, os dois concordaram em frequentar um curso doutrinário, após o qual fariam o desenvolvimento mediúnico.

— Mediunidade exige equilíbrio e discernimento para o seu correto exercício – enfatizou Enoque.
— Alguns médiuns, ao sentir despontar a mediunidade, julgam que ela se sustenta por si só, sem necessidade de conhecimento doutrinário – interferiu a amiga Karina.

Já nos perguntaram sobre o que pensamos a esse respeito e nossa resposta é igual à de todos os companheiros responsáveis da espiritualidade: mediunidade é apenas uma ferramenta que, se não estiver afinada com os fins a que se destina, acaba lançando o médium na maior confusão. Que adianta ao aluno ter um bom piano ou violino, se não souber utilizar o instrumento, produzindo música de boa qualidade?

Assim, entendemos que isso acontece com o medianeiro dotado de faculdades razoáveis, que poderão ser aperfeiçoadas se forem manejadas por mãos hábeis; acabarão na inutilidade se o portador não entender suas minúcias e não souber respeitar suas particularidades. Boas referências o frequentador dos cursos espíritas adquire em contato com companheiros experientes, que vivenciaram dúvidas semelhantes e podem estabelecer um intercâmbio de informações.

De outra parte, os médiuns novatos vão conhecer a maravilhosa doutrina que não inventou a mediunidade – diga-se de passagem -, mas apresenta os estudos codificados de Allan Kardec no magnífico compêndio *O Livro dos Médiuns*. Essa obra, que retrata o lado científico da mediunidade, explora suas diferentes facetas e orienta quanto ao uso feliz que se deve fazer dessa faculdade anímica, que se fará comum nos dias futuros da humanidade.

Os colóquios mentais entre encarnados e desencarnados sempre existiram. Cristãos, no passado, julgavam falar com santos ou sofrer influências de demônios, que hoje sabemos serem espíritos imperfeitos. Esse fato é e sempre será resultado de um intercâmbio mediúnico; o contato com a alta ou a baixa esfera espiritual, será sempre tido em conta de exercício da mediunidade, que abre ao ser terreno uma nesga do mundo espiritual, povoado por seres incorpóreos, porém, inteligentes.

***

Lucila e Laércio aprofundaram-se nos estudos, assistidos por Matilde e outros guias familiares. Quanto mais estudavam, mais se lhes aprimorava a mediunidade, com equilíbrio e serenidade.

- Nem sempre é assim tranquilo o aflorar da mediunidade ostensiva!
- Concordamos Enoque, que em alguns casos a mediunidade desabrocha sob o impulso da obsessão e provoca uma reviravolta na vida do medianeiro.

A força construtiva do amor 121

– Lembra-se, Luiz, do caso em que atuamos, quando o aparecimento da mediunidade de Antônio acabou por levá-lo a uma clínica para doentes mentais, tamanho foi o alvoroço que se instalou na família?

– Também pudera, Enoque, o camarada ficou tão transtornado que quase enlouqueceu a família inteira. Ouvia gritos alucinantes e via fantasmas por todos os lados: no quarto de dormir, na mesa de refeições, no quintal...

– Quando a perturbação o alcançou na escola, os orgulhosos pais desceram do pedestal e procuraram um psiquiatra. O espírito obsessor sentiu-se vitorioso quando viu o adolescente sendo internado num manicômio...

– O que o obsessor não previu foi a assistência espiritual dentro da clínica, onde trabalhava um grupo de médicos espíritas. Vieram as sessões mediúnicas, a doutrinação do obsessor e seu afastamento. Hoje Antônio é um bom servidor numa casa espírita. Certo, Enoque?

– Se ele se afastar do caminho reto e do esforço pelo aperfeiçoamento moral, poderá ser vítima fácil de entidades inferiores com quem se acumpliciou no passado para a prática do mal!

– Você acha, Enoque, que todo médium que se recusa à tarefa mediúnica torna-se alvo de obsessores?

À interessante pergunta de nossa amiga Ângela, Enoque respondeu com muita propriedade:

– Não há uma regra geral para o delicado tema; cada caso precisa ser analisado com cuidado, para não haver uma generalização infeliz. Todos os seres humanos têm potencial mediúnico, de maior ou menor expressão; logo, todos podem contactar espíritos superiores ou inferiores, conforme o caso. Os indivíduos que trazem compromisso com a mediunidade, motivado por dívida do passado, ficarão por conta de si mesmos se descumprirem o que prometeram; perderão a assistência dos bons companheiros e, se não mantiverem uma conduta reta, acabarão por sofrer um assédio violento da esfera inferior. A mediunidade, Ângela, funciona como uma porta ou janela aberta para o mundo extrafísico. Da conduta moral do medianeiro dependerá a qualidade de quem vai adentrar em sua casa mental: se um visitante do bem ou um inoportuno assaltante!

Considero oportuna a pergunta de Ângela, pois conhecemos espíritas que afirmam ter medo da mediunidade; pensam, também, que a tendo desenvolvida não poderão voltar atrás sem sofrer sanções dos mentores e guias. Nada disso! Os espíritos bons não perdem tempo com punições, apenas se afastam quando os médiuns retrocedem no compromisso. Há sempre novos médiuns em formação, que se tornam excelentes parceiros após um período de adaptação. Qualquer perturbação virá sempre da parte de espíritos inferiores que assediam constantemente os encarnados, sejam médiuns ostensivos ou não.

– Percebemos também, Luiz, que alguns espíritas entendem que os médiuns, por cumprirem suas obrigações, devem ter privilégios com a espiritualidade, ficando a salvo de doenças, desastres financeiros e outras contrariedades.

– Outro engano, amigo. Não há privilégios na vida espiritual. Existe apenas a lei da correspondência: os espíritas dedicados – e não apenas os médiuns –, terão sempre a assistência carinhosa dos amigos espirituais, que não podem suprimir a Lei de Ação e Reação. Problemas familiares, sofrimentos físicos, dissabores no emprego e na vida social todos sofrerão. O que podemos e realmente fazemos é auxiliar na sua superação, inspirando calma e paciência até que a tormenta passe.

Realmente, as tormentas sempre passam. A impaciência do ser humano leva-o ao terreno perigoso da ansiedade, que tem provocado desastres orgânicos seríssimos. Lucila entendeu essa verdade quando perdeu a companhia física da irmã. Seu desgaste não foi maior porque, de forma inconsciente, pressentia que outra realidade surgiria em sua vida. Reagiu com calma e resignação e conseguiu de volta a companhia de Matilde, agora em forma espiritual, mais livre para um trabalho construtivo.

***

A força construtiva do amor 123

Enquanto a família de Lucila percorre o caminho normal dos seres que vivem, estudam e amam, observaremos a relação espiritual entre Matilde e Lucila, em vida passada. Como já escrevemos, elas se posicionaram como mãe e filha. Matilde foi mãe prestimosa, cobriu de mimos a filha caçula concebida quase no limite da idade fértil. A casa se regozijou com a novidade, quando não mais esperavam a visita da cegonha.

É sempre uma festa quando nasce um filho dentro de um lar com estrutura sólida, do ponto de vista afetivo e financeiro. O dinheiro pode ser curto, no limite do essencial, mas os laços familiares devem ser fortes, estabelecidos com seriedade e determinação. Quando esses fatores se juntam, a alegria é inevitável. Se hoje presenciamos cenas dramáticas de rejeição e abandono dos filhos, sabemos que esses não foram, em tempo algum, desejados. Vieram por força dos instintos, com a possibilidade de despertar nos pais um sentimento maior, que favoreça o seu crescimento interior.

Participante atenta desta narração, Ângela interrompeu-nos com a interessante interrogação:

– Luiz Sérgio, assistimos tantos dramas de crianças rejeitadas e maltratadas dentro do lar, que até me questiono se tais pessoas deveriam realmente procriar. Não seria mais justo que se tornassem estéreis?

– Boa menina, como é que esses casais imaturos e despreparados haveriam de se preparar? O exercício da maternidade e paternidade colabora para o amadurecimento pessoal e treino da responsabilidade. Se Deus retirasse das pessoas o seu talento só porque não sabem fazer bom uso dele, o que seria de nós, pobres mortais? É errando que se corrige o terreno para os acertos futuros. Entendo que algumas atitudes violentas dos pais chocam a sensibilidade humana; mesmo assim uma coisa boa está acontecendo: é a análise e crítica que a sociedade faz em torno das tristes ocorrências.

A pergunta de Ângela reflete a angústia de muitos encarnados, diante da onda de violência que vitima as crianças nos tempos atuais. Aos poucos, os familiares desequilibrados irão formando a consciência e adquirindo noções mais elevadas da vida. Saberão acolher os fi-

124 *O Despertar de uma Nova Era*

lhos, oferecendo-lhes abrigo e educação; agirão menos por impulso e mais por sentimento e racionalidade.

Matilde ofereceu o melhor de si, naquela encarnação. Educou-a sob princípios morais sólidos, não permitindo que excesso de carinho prejudicasse sua boa formação. Ainda jovem, Lucila revelou-se uma professora cuidadosa com os pequenos alunos. Ao lado dos conteúdos pedagógicos colocava sempre uma palavra de estímulo aos valores espirituais; a formação do caráter vinha em primeiro plano. A cidade onde vivia era pequena e, ao lado do vigário, as professoras representavam o que a sociedade oferecia de melhor. Elas eram reconhecidas pelo empenho na tarefa educativa e constantemente solicitadas para tarefas adicionais.

Naquele tempo Lucila desenvolveu significativamente a sensibilidade, embora a mediunidade de fato não se tenha manifestado. Seu coração bondoso, voltado para as necessidades básicas da comunidade, colocava a jovem em permanente contato com entidades superiores, embora ela não tomasse conhecimento disso. Podemos afirmar que se tratava de uma mediunidade inspirada, que favorecia a ação de benfeitores espirituais em prol dos habitantes do lugar.

Lucila e as outras professoras não estavam preparadas para o conhecimento do Espiritismo. Sua formação cristã estava presa ao catolicismo que mantinha obras sociais importantes para o lugarejo: escola, creche, asilo e um pequeno orfanato.

> – Na verdade, Luiz Sérgio, Kardec afirmou que fora da caridade não há salvação. Ele nunca se referiu ao Espiritismo como única forma de aperfeiçoamento do ser humano – lembrou Enoque, com sabedoria.

***

O Espiritismo não veio destruir o edifício da fé; colaborou, outrossim, para expurgar do Cristianismo alguns adereços infelizes como a crença no inferno, na infalibilidade papal e na multidão de mistérios, entre os quais aquele que divide a Divindade em três pessoas. Ao mesmo tempo em que derruba dogmas e preconceitos, o Espiritismo reconstrói a pureza cristã, com fundamentos mais sólidos, baseados na razão e no respeito aos dados científicos.

A força construtiva do amor 125

Até a proclamação da nossa República, somente a igreja católica, considerada religião oficial, gozava do privilégio de livre expressão e toda ideia contrária aos seus ensinamentos era combatida.

A salvação, porém, sempre esteve por conta do mandamento do amor, único salvo-conduto para se chegar ao reino de Deus. Se o Espiritismo só nos foi dado a conhecer no século 19, não poderiam homens e mulheres se perderem por não praticar o que desconheciam. O Evangelho de Jesus sempre esteve ao alcance de todos e, de quando em quando, Ele enviava um missionário, rico de amor, para direcionar as almas.

Ninguém poderá queixar-se de não ter tido acesso às verdades evangélicas, pois essas sempre estiveram no ar e, onde duas ou mais pessoas se reuniram para rezar, Jesus se fez presente com suas inspirações e orientações.

— Lembra-se, Enoque, da entidade que assistimos há poucos anos e que se sentia digna do inferno, pelos maus tratos infligidos aos espíritas do lugarejo onde morava?

— Com muita clareza, Luiz; trata-se de Armando, verdadeiro xerife da localidade, sempre disposto a combater o Espiritismo por julgá-lo uma seita demoníaca. Todas as manifestações mediúnicas eram atribuídas a artimanhas do diabo. Quando o pobre desencarnou, pôde verificar o tamanho do erro cometido. O tempo que gastou perseguindo confrades espíritas deveria ter aplicado na prática do bem, no exercício do amor fraterno. Seu grande tormento derivava-se do fato, para ele humilhante, de ser socorrido por espíritos espíritas, e ser encaminhado a um grupo espírita para melhores esclarecimentos. Recorda-se, Luiz, dos primeiros contatos desse irmão com o grupo de médiuns?

— Ele apresentava-se, simplesmente, horrorizado. Debatia-se por não querer render-se às evidências, julgando-se arrastado a um tribunal da inquisição.

— Na verdade, Luiz, ele estava quase demente, pois desequilibrou o centro de força frontal de tanto elaborar réplicas aos postulados espíritas, debatendo-os em sessões de oratória junto com prelados católicos. Tentou vencer pela razão, utilizando-se de raciocínios viciosos impostos pela teologia dogmática da igreja. Não compreendeu a grandeza do Espiritismo e, ao desencarnar, a realidade o apavorou.

Completando a história de Armando, senhor maduro e muito culto, descobrimos que se tratava de espírito envolvido nas teias escabrosas da inquisição. Já havia caminhado um pouco na sua evolução, mas não o suficiente para compreender e aceitar as reformulações que a Falange do Espírito de Verdade impôs aos conteúdos cristãos. Bastante orgulhoso, desperdiçou muito tempo em contendas e discussões estéreis. Ao desencarnar bateu de frente com a verdade e se desesperou. Preso ainda ao dogmatismo católico, julgou-se merecedor do inferno e levou anos para receber o socorro. Levá-lo a uma sessão mediúnica foi o golpe de misericórdia contra sua prepotência orgulhosa. Ele seria doutrinado e esclarecido, em nome de Jesus, por aqueles indivíduos que tanto desprestigiou e só não condenou à fogueira por não ter poderes para tanto.

– Podemos narrar também, Luiz Sérgio, a comovente história daquela freirinha recém-desencarnada, que nos perguntava onde estava o céu prometido às virgens que se consagram ao serviço de Deus. Era uma boa alma a irmã Clarisse, iludida ingenuamente com as promessas de um paraíso imaginário, cômodo e improdutivo.

– Nesse caso foi fácil o esclarecimento, amigo. Sendo espírito desapegado dos bens materiais, ela dedicou a vida à prática da caridade. Queria fazer da prática do bem um passaporte para o paraíso e de certa forma conseguiu. Não era o paraíso que os homens simplórios imaginam, lugar de pompa e despreocupação ociosa. Encontrou, sim, um mundo leve e feliz, onde pôde continuar seu projeto de iluminação interior. Sabe que ela já se engajou nas fileiras socorristas? Observei seu empenho ao lado da irmã Damiana, nossa dedicada amiga!

***

A força construtiva do amor

127

O que desejamos que fique bem claro para o leitor é que o culto religioso, qualquer denominação que possua, por si só, não santifica ninguém. Às vezes, uma religião é tão mal compreendida e mal vivenciada, que pouco ou nada contribui para a reforma do ser humano.

Católicos, espíritas, evangélicos, judeus ou muçulmanos, só encontrarão a paz interior e consequente felicidade se viverem de acordo com a máxima de Jesus – amar ao próximo como a si mesmos. Só o amor puro e desinteressado tem o dom de elevar o espírito. Em maior ou menor escala, esse sentimento está presente nas almas encarnadas, que têm uma eternidade pela frente para fazer brilhar sua auréola de santidade.

A esse respeito temos também uma bonita história. Ricardo dizia-se ateu, nem mesmo queria ouvir o nome de Deus, sob qualquer denominação. Dizia-se um ateu consciente. Não frequentava igreja alguma e levava a vida como achava que devia ser, de acordo com pontos de vista pessoais. Cumpria rigorosamente suas obrigações de cidadão, pai e esposo; era solícito com aqueles que passavam por dificuldades.

– Era o que se pode chamar de homem de bem – ponderou Enoque. – Sua aversão por práticas religiosas foi explicada por confusões do passado, onde viveu num clima de animosidade entre católicos e protestantes. Nunca se envolveu diretamente nas disputas, mas registrou esse conflito no subconsciente. Viveu uma vida inteira à margem dos cultos religiosos e desencarnou muito bem.

– Lembro-me, Enoque, da comitiva de espíritos amigos que esperavam por Ricardo neste lado da existência. Foi recepcionado por mentores, familiares e amigos que usufruíram de sua amizade leal e generosa. Até hoje ele não quer ver seu nome ligado a nenhuma atividade considerada religiosa. Trabalha muito dentro da própria colônia, e está fazendo cursos com vista a uma nova encarnação proveitosa.

– Quem sabe, Luiz Sérgio, ele não se desvencilha desses bloqueios e ainda se torna um espírita fervoroso?! É só dar tempo ao tempo.

128 *O Despertar de uma Nova Era*

Essas exemplificações servem para realçar o que pretendemos destacar – a supremacia do amor sobre qualquer título religioso, que tem afastado as pessoas quando deveria reuni-las ao redor de um Agente comum.

Não se iludam também os companheiros espíritas, julgando-se salvos porque aprenderam a manter contatos ocasionais com o mundo espiritual. Nós, espíritos, não possuímos o dom de salvar alguém, nem familiares, nem amigos. A esse respeito podemos relatar o desfecho pouco feliz de um companheiro espírita, desencarnado há alguns anos e ainda preso em regiões inferiores. Fez mau uso de suas potencialidades, descuidado dos avisos que os mentores sempre mandaram. Abusou das faculdades mediúnicas e não levou a sério as investidas dos obsessores, que acabaram levando a melhor. Viveu mal e desencarnou mal, apesar de todo o conhecimento doutrinário.

Quando procuramos nos aproximar, ele se esconde nos becos, talvez por vergonha. O certo é que ainda não nos deu a chance de um diálogo fraterno. É um caso que relatamos com pesar, dizendo, no entanto, que ele não está esquecido; um dia, quando se voltar para dentro de si mesmo, será retirado das sombras.

Muitos casos poderíamos ainda citar, como o de Manuela, médium muito respeitada na Casa espírita em que prestava socorro aos espíritos sofredores. De início revelou-se uma tarefeira disciplinada, tratando os companheiros encarnados e desencarnados com a mesma solicitude. Aos poucos vieram os elogios, alguns merecidos, mas a maior parte sem razão de ser, pois os encarnados não têm a percepção que se exige para analisar friamente e com isenção de ânimo as manifestações espirituais. Nem poderiam, pois escapa às faculdades humanas o poder desvendar o mundo sutil que envolve a moradia dos homens.

Por esse motivo e para evitar contradições mediúnicas e doutrinárias, os sábios mentores não permitem aos médiuns penetrar em todos os mistérios da grandeza espiritual. Também não autorizam a nós, espíritos que mantemos regular correspondência com o mundo físico, fazer revelações bombásticas que mais conturbariam a mente humana, tão perturbada por si mesma.

Manuela acreditou nos elogios, principalmente naqueles que alimentavam a vaidade. Sua conduta na Casa mudou. Já não era a tarefeira humilde e prestativa que comparecia para os trabalhos costumeiros. Sua postura evidenciava o orgulho que crescia por dentro: somente suas vidências tinham significado; somente suas mensagens psicofônicas traduziam a ideia perfeita dos mentores! Nesse contexto estava aberto o caminho para a fascinação.

A médium começou a comportar-se como dona do centro e, ao invés de servir com alegria à causa do Cristo, buscava ser servida. Criou-se um clima de intolerância tal, que muitas companheiras se afastaram para outras casas. Ela também não se manteve fiel à Doutrina, procurando, por conta própria, introduzir modismos que feriam a veracidade doutrinária. Aos poucos, o vigor do primeiro momento declinou, e a médium que buscou o prestígio em primeiro plano adoeceu seriamente e desencarnou.

Por interferência de amigos espirituais em pouco tempo foi recebida em uma instituição hospitalar. Tratada, orientada e esclarecida quanto ao motivo do fracasso, Manuela prepara-se para o retorno à carne, dentro de alguns anos. Terá uma nova chance, como todos os mortais. O sucesso dependerá exclusivamente dela, assim como o fracasso da última encarnação somente a ela diz respeito.

Acreditar que Jesus Cristo já salvou a humanidade pelo sacrifício da cruz é uma situação cômoda, que se estabeleceu no meio dos segmentos cristãos. O Mestre veio mostrar o caminho que leva ao Pai e nos oferece todo o incentivo para percorrê-lo. Ajuda-nos com suas inspirações, conforta-nos nas horas de desassossego; porém, Ele não pode fazer a nossa parte, por mais poderoso que seja. No passado Ele fez um convite: "quem quiser vir após mim que tome a sua cruz e siga-me". A salvação é um processo dinâmico, exige esforço e cooperação. Não poderia ser uma dádiva gratuita, imposta de fora para dentro da alma humana. Kardec fala em fé raciocinada, que removerá montanhas se for conduzida com discernimento e determinação. Cegueira espiritual não está com nada, pois não conduz à perfeição.

Insistimos em dizer que os credos religiosos, por si sós, não podem salvar aqueles que seguem passiva e cegamente as suas orientações. Salvação requer esforço consciente e bem direcionado; exige a adesão da vontade livre sob a moção do amor. Aquele que ama, portanto, será salvo.

***

Aline está na fase de crescimento conhecida como adolescência. Formando-se num lar espírita, conhece a doutrina na qual os pais a introduziram.

Lucila e Laércio não se comportaram como muitos confrades que, conhecendo e admirando o Espiritismo, não demonstram coragem de romper os elos com as antigas crenças e deixam os filhos indecisos quanto à prática religiosa. Lamentável posição desses espíritas, que criam barreiras psicológicas para o aprendizado sério da Doutrina. Se o que é bom para os pais não é suficiente para os filhos, como fica a cabeça de crianças e adolescentes em meio a essa indecisão?

Lucila passou para a filha uma segurança muito grande. Em contato frequente com a espiritualidade a mãe absorve força moral e discernimento. É como se revivesse dentro de si a professora interessada do passado, agora voltada com ênfase para as coisas do espírito. Nas palestras proferidas transborda seu entusiasmo pelas mensagens evangélicas; nos encontros fraternos passa uma orientação segura, fundamentada no Evangelho e nos postulados espíritas. Na sala mediúnica tem oportunidade de dialogar com espíritos revoltados, a quem demonstra respeito e consideração pelos problemas vividos.

Matilde, companheira leal, vela pelo sucesso espiritual de Lucila com zelo materno, sem nunca interferir nas expressões do seu livre-arbítrio.

Aline cresce e se desenvolve, aguardando o futuro, como deveriam fazer todos os jovens – despreocupados e felizes!

Ainda resta a esperança!

Lindíssima manhã. O sol primaveril despontava no horizonte, aquecendo com seus raios magníficos a atmosfera sutil de nossa luminosa cidade. Estamos relativamente perto da crosta, em região espiritual que se orienta pelo mesmo fuso horário terreno. Quando é dia aqui, também é dia no plano físico.

Nos planos superiores a realidade é diferente e todos nós, acostumados à medição do tempo, teríamos de nos adaptar. Regiões assim tão elevadas não estão ao alcance de espíritos medianos, com faculdades inúmeras por desenvolver, e, portanto, necessitados do contato com realidades mais palpáveis, semelhantes às que foram acostumados no mundo terreno.

De qualquer maneira todos são felizes nesses mundos de suavidade e beleza que o Criador preparou para suas criaturas, dentro dos padrões mentais e espirituais de cada uma. Imaginar que, em desencarnando, irá se descortinar para o homem comum uma visão de suprema beleza, para além de seu alcance e imaginação, não é bem a ideia que desejamos transmitir, pois todos os seres circularão na atmosfera que lhes for familiar e pela qual transitaram enquanto encarnados.

A responsabilidade quanto ao destino da alma ao se desprender da matéria cabe exclusivamente ao encarnado; está na razão direta de seu preparo para o grande momento da transição e na qualidade de vida que manteve na carne. Alegria cultivada com equilíbrio, bom humor adicionado ao bom senso, prazer pela reflexão, pelo aperfeiçoamento da inteligência e das virtudes, são ingredientes necessários para o aviamento da receita de uma vida feliz além-túmulo, aliás, bem distanciada de qualquer túmulo, pois espíritos ajustados não curtem cemitérios... Se ali comparecem é somente no afã de ajudar ou para satisfazer o familiar quando faz visita em certos dias.

Sou de opinião que os verdadeiros espíritas não deveriam gastar muito tempo e energia com visitas frequentes aos cemitérios, desde que tenham entendido as informações que os espíritos transmitem sobre o destino da alma após o desenlace físico.

O corpo de carne, tendo sido repositório da alma imortal, merece respeito e consideração mesmo após a considerada morte. Exagero, porém, é a construção de túmulos suntuosos em memória do ser que habita novas paragens e não tem motivos para visitar e contemplar uma tumba vazia. Somente quando os espíritas traduzirem em atos e posturas de vida aquilo que conhecem teoricamente, é que poderão considerar-se verdadeiros adeptos dessa Doutrina formidável, que rompeu os lacres do túmulo e deixou à mostra uma realidade nova, transcendente.

Não temos a intenção de polemizar, apenas enfatizamos o valor superior da trajetória espiritual, que se perpetua no tempo e no espaço infinito; o que é matéria permanece no plano físico e se deixa consumir e transformar, para dar origem a novas formas de vida. A essência espiritual parte em busca de uma nova residência, que o Pai lhe destinou em uma de suas numerosas moradas, que são pátrias espirituais a abrigar em seu seio as almas pequeninas em processo evolutivo.

Nessas moradas o espírito permanece, trabalha, estuda e cresce até o momento do retorno à matéria densa para continuar o aprendizado em termos diferentes, condizentes com a esfera física, ou adentrar outras dimensões como recompensa pelo esforço empregado na própria evolução.

***

Ainda resta a esperança! 133

Vive-se num clima febril; respira-se um forte odor de guerras e traições, de direitos humanos ultrajados e, acima de tudo, um forte convite à desesperança. E mesmo assim a equipe espiritual continua recomendando sorriso e pregando a igualdade de todos perante os códigos divinos! Que motivos nos incentivam a erguer a bandeira da fraternidade universal, quando tudo ao derredor prenuncia catástrofe e revanchismo?

Vamos refletir um pouco mais com você, querido leitor, alvo dileto de nossas preocupações, com quem temos partilhado significativa fatia de nossa existência, embora em dimensões diferentes.

Ouve-se falar em guerras justas para defender códigos de honra, quando todos nós sabemos que o motivo maior nunca é declinado, pois se assenta em interesses econômicos mesquinhos e egoístas. Vozes se levantam e questionam as razões inconfessas, abandonando enfim a cômoda posição de neutralidade. Cômoda, sim, insistimos, porque entre o bem e o mal não há meio-termo; entre o certo e o errado não há posição intermediária. Os homens têm de se posicionar, definindo o raciocínio e se informando sobre as ocorrências para além do ambiente doméstico. Os horizontes mentais têm de se alargar, abrangendo a mãe Terra como um todo – o que é ruim aqui também será considerado ruim acolá...

Jesus, prevendo o momento de sua morte alegrou-se porque voltaria para o seu reino de luz, retomando toda a glória que possuía antes da encarnação. Nós, espíritos, em face da desolação que se estabelece no planeta que também é nossa moradia, estendemos o olhar para o futuro e não perdemos as esperanças. Nossa alegria interior é alimentada pela compreensão de que os tormentos momentâneos cederão lugar a um mundo mais aprazível, com possibilidades de franco entendimento entre as nações e de formação de parcerias saudáveis, onde cada povo concorrerá com suas riquezas individuais em favor da coletividade.

Convulsões sociais sempre antecedem as graves mudanças, alertam-nos espíritos superiores. A humanidade terrena poderia caminhar sem tropeços, evoluindo tranquilamente, se não tivesse ignorado os mensageiros do Alto. Se não acatou os seus conselhos de paz, agora terá oportunidade de meditar sob o incentivo da dor, da ansiedade e dos conflitos armados. O objetivo maior por parte de Deus será sempre o de educar os filhos, que não foram criados para a destruição definitiva.

Sempre que uma comoção social está preste a acontecer somos chamados a reuniões, em que também comparecem espíritos encarnados. Tais assembleias visam ao esclarecimento e ao conforto para que o pânico não se estabeleça no mundo, na circunstância atual de globalização das informações.

As duas grandes guerras do século 20 causaram grande agitação, nada comparável à perturbação que poderia ocorrer neste século de comunicação rápida e eficiente. As almas religiosas, isto é, aquelas que admitem e procuram o intercâmbio com forças espirituais, saem reconfortadas, armazenando no subconsciente as informações recebidas e a certeza da assistência divina. Por isso caminham, no plano físico, seres desesperados ao lado de outros mais serenos. Enquanto os primeiros sentem-se entregues a si mesmos, os últimos confiam na Providência Divina e aguardam melhores soluções ao longo do tempo. Soluções que virão, certamente, afiançam entidades sábias, orientadas pelo Alto.

Em contato permanente com essa fonte inequívoca de informações vamos mantendo o bom humor e a esperança. Sorrir será sempre um ótimo remédio!

***

Em sequência às sérias, porém oportunas reflexões, relataremos a história do jovem André, desencarnado recentemente, após violenta discussão diante dos companheiros da equipe escolar. Discussão que poderia ter passado em branco, sem produzir maiores consequências, não fosse a índole agressiva da juventude nos dias atuais; juventude que não recebe a influência apaziguadora dos conceitos morais que, em todo segmento religioso, recomendam a tolerância recíproca, o esquecimento das ofensas e a valorização da vida.

André extravasou seu ressentimento contra um grupo do mal, pois desconhecia sua vinculação secreta com uma gangue perigosa, afeita à distribuição da droga, ao roubo de carros e de cargas!

Ainda resta a esperança! 135

Nesse momento peculiarmente difícil por que passa a sociedade, é preciso orientar os jovens para a seleção de suas amizades e também para o controle das emoções, para que se poupem da violência gratuita que irrompe todos os dias. Por mais que se interessem, os espíritos não têm o poder de prevenir todas as catástrofes, se os encarnados não derem uma mãozinha por meio de um comportamento exemplar.

André era um jovem alegre e folgazão. Gastava boa parte do tempo entre o futebol e os ensaios de um grupo musical. A escola ficava num razoável segundo plano, pois o garoto não via perspectiva de um futuro brilhante a ser conquistado nos bancos escolares.

Um grande desprestígio desabou sobre a formação acadêmica em nossa pátria, pelo fato de ela mesma não ser garantia de um bom emprego. Jovens bem-formados lutam para se impor no mercado de trabalho, apesar de muitas especializações e de muito preparo. É uma dificuldade nacional que tende a passar, mas está provocando insegurança e desarmonia social.

Nosso personagem não se sentia muito estimulado ao estudo, porque observava o sacrifício do pai – Onofre – para manter com dignidade a família. Onofre era um contador diplomado, mas só conseguia honrar seus compromissos com bastante sobriedade. Seu salário não permitia o supérfluo dentro de casa, fato que levou o rapaz a alimentar a ilusão do sucesso financeiro no futebol, ou no grupo de pagode que se reunia em todos os fins de semana. Sua patota era infernal – comentavam os amigos e companheiros mais chegados. A juventude se animava com os ritmos animados de música para ouvir e dançar.

– Nada como os bailes de sua época, hein amigão?!

– Não curto saudosismo, Enoque. Cada época tem uma marca que a distingue. Se estivesse encarnado, provavelmente curtiria todos os modismos deste tempo, enquanto durasse a juventude.

– Eu sei, Luiz Sérgio, que as gerações presentes têm uma bagagem espiritual diferente e se afeiçoam a esse ou àquele gosto musical de acordo com tendências inatas. Desde que as letras musicais não induzam à violência ou à prática inconsequente do sexo, os espíritos nada têm a criticar. De nossa parte também existem o respeito e o apreço pelas manifestações culturais dos povos.

Enoque me conhece muito bem e sabe de minha intenção de esclarecer sem impor ideias ou preconceitos. Toda expressão musical tem o poder de mexer com as vibrações humanas, o que prova a animação dos espetáculos em que prevalece o quase desvario da moçada. A responsabilidade dos organizadores é bem grande, pois devem patrocinar espetáculos de boa qualidade, que permitam aos jovens liberar as energias de forma saudável, sem exageros ou apelação sensual.

Não é o que costuma acontecer na periferia das grandes metrópoles. Em ambientes apertados, bem aquém do espaço físico necessário para acomodar a galera, comprime-se uma multidão de jovens e adolescentes em busca de lazer. É uma fase de socialização do ser humano, e a busca de companheiros da mesma faixa etária é compreensível e desejável.

O isolamento e o fechamento do jovem sobre si mesmo não é saudável e revela algum problema de cunho psicológico. Os pais que fiquem alerta quando perceberem o ar tristonho e fechado de um garoto ou garota; a infelicidade também pode conduzir ao uso de alucinógenos ou entorpecentes, que produzem efeito rápido e passageiro. Sair de casa é necessário para a própria evolução. O lar, por melhor que seja, não oferece todas as possibilidades necessárias de crescimento afetivo, intelectual, psicológico e moral.

O ser humano deve progredir em todas as dimensões e o papel das instituições sobressai nesta questão: escola para o aprimoramento da mente; religião para reflexões sobre a realidade do espírito; clubes recreativos e esportivos que promovam o lazer, para completar a formação integral do homem e da mulher, seres sociais por excelência.

O papel da família será o de exercer o controle e seleção das influências que recaem sobre os filhos, acatando as benéficas e descartando as prejudiciais. Proibir, simplesmente, não é a melhor solução; a alternativa que propomos é a de abrir o leque de opções, proporcionando a possibilidade da melhor escolha.

***

Ainda resta a esperança!   137

Onofre entendia a necessidade de André vestir-se como os demais amigos da classe média, mas não podia assegurar ao rapaz a aquisição de todos os produtos que circulam no mercado. Possuía filhos menores, necessitados de atendimento. As restrições ao consumo eram moderadas, nada que justificasse uma atitude de revolta contra a família.

O jovem, insatisfeito em sua vaidade pessoal, procurou outras fontes de renda sem se preocupar em saber se eram lícitas ou não. Começou a revender objetos de pequeno porte, resultado de contrabando e de pirataria, despreocupado com a ética e a honestidade.

> – Há cidadãos que não se preocupam com o contexto social em que vivem – ponderou Enoque a respeito do caso de André. – Consideram as dificuldades somente do ângulo pessoal, em relação aos próprios interesses e o todo que se dane. Se o contrabando não recolhe os impostos que mantêm a estrutura econômica do país, pouco importa para eles. Se a pirataria de produtos intelectuais fere diretamente o interesse justo de artistas e produtoras, também não lhes diz respeito, porque estão voltados unicamente para si próprios; ainda não dilataram a visão para além de seu mundo pequenino.

Deixamos que o grande colaborador e amigo estendesse suas considerações, expondo aos leitores argumentos sérios e consistentes:

> – Se a vida para alguns está difícil, não será fraudando os cofres públicos que virá a solução. O exercício responsável da cidadania resultará sempre em melhora do padrão de vida, individual e coletivo. Povo que se educa e exige direitos cumpre também os seus deveres. É essa a saída honrosa que visualizamos para a pátria que elegemos como nossa, para reforçar as mensagens do bem. Há valores morais solidificados entre os habitantes deste país. Como você afirmou em outra parte, há espíritos difíceis encarnados em meio a almas muito boas, conscientes de suas obrigações. O que vem à tona e o que se vê nos meios televisivos é o efeito maléfico da corrupção e do jeitinho brasileiro de tirar proveito da infelicidade

alheia. Maior seriedade de propósitos levará nossa gente ao progresso material. Certo, Luiz Sérgio?

– Certíssimo, Raíto. Agora foi você quem atacou de filósofo do povo!

Juntos, Enoque e eu concordamos que está faltando um pouco de filosofia de vida à sociedade brasileira como um todo. Princípios filosóficos debatidos nas escolas norteariam o comportamento do povo, coordenando esforços com vista a um objetivo nacional: o bem da pátria, traduzido em melhor condição de saúde, educação, emprego e moradia para todos. Não há pátria forte sem povo esclarecido.

André passou por cima das orientações recebidas em casa e começou a ganhar algum dinheiro, ludibriando a confiança das pessoas que julgavam estar comprando um produto de primeira linha. Teve um entrevero até com a namorada que se irritou ao ganhar um CD pirata:

– Você quer estragar meu aparelho de som, André? Quem vai bancar o conserto depois?

– Que nada, Cissa, ninguém percebe a diferença entre o original e o falso! A qualidade é muito boa!

A garota inteligente não aceitou o presente e a relação ficou estremecida. Outros fregueses ocasionais não teriam tempo de protestar, porque o rapaz revendia os produtos em lugares distantes de sua moradia.

– André quis se fazer de esperto, Luiz!

– Você, Karina, que veio participar de nossa narração, consideraria o garoto realmente esperto?

– Na verdade, não. Ele pensava estar agindo de forma inteligente, buscando praças diferentes para colocar o produto do contrabando, mas esqueceu que enfrentava a cada dia pessoas estranhas, que não tinham apreço por ele, por desconhecerem sua origem. Entre os conhecidos do bairro ele estaria mais seguro, não é assim?

Concordamos com a amiga Karina. Entre os seus ele estaria mais seguro, mas teria que prestar contas quando a qualidade que atribuía aos produtos não se confirmasse. Diante desse conflito, o interesse pelo lucro prevaleceu e levou-o para outros bairros. O mercador ambulante conheceu muita gente – pessoas de bom caráter e algumas de má índole, prontas para puxar o tapete do jovem vendedor,

Ainda resta a esperança!   139

que invadia um território alheio fazendo uma concorrência considerada desleal.

André não conhecia o submundo da droga nem da contravenção. Mergulhou, de alma desprotegida, na venda de produtos falsificados, sem avaliar a dimensão de seu gesto. Ele estava, ingenuamente, alimentando a indústria do crime de forma abrangente, pois, quem lança produtos piratas no mercado, lança também a heroína, o crack, a cocaína, a maconha... Quem revende nem sempre obtém essa informação e pode tornar-se coautor do tráfico de entorpecente, que diversifica sua atuação para despistar as autoridades. Entretanto a fonte é a mesma: poderosas máfias que se locupletam com ações criminosas de diferentes espécies.

Nesse contexto o jovem criou para si um clima de animosidade, imperceptível para ele, garoto folgado, como já afirmamos, porém ingênuo e incapaz de perceber que estava se intrometendo em terreno perigoso, quando só pretendia ganhar alguns trocados para bancar o luxo que o pai não podia satisfazer.

A partir desse ponto daremos a palavra ao infortunado André, para que faça o seu relato aos leitores, de acordo com sua óptica e compreensão. Consideramos importante dar a esse espírito a chance de analisar as próprias atitudes, pois, a partir de agora, ele tomará nas mãos o seu destino, formulando propostas de corrigenda e de progresso, sem guardar ressentimentos inúteis.

"Não me considero mais uma vítima inocente da máfia do tráfico. Sei que fui despreocupado, não averiguando a origem dos produtos que revendia. Também não me preocupei com os prejuízos para a economia do país, nem com a insatisfação de certas produtoras de discos e dos autores prejudicados, que não receberiam direitos autorais.

"Não sei se posso atribuir essa despreocupação à pouca idade, ou se a devo a uma falha de caráter. Sei que não era um sujeito mau. Se tivesse refletido sobre a situação, com certeza não teria aceito o convite para vender artigos de origem duvidosa. Foi assim que mergulhei num mundo desconhecido, cuja superfície parecia límpida, mas no fundo escondia-se um lodaçal.

"Fui considerado pessoa indesejável por grupos rivais que eu não desconfiava que existissem. Na primeira oportunidade, por motivos banais, fui agredido e morto perto da minha escola, por inimigos desconhecidos infiltrados entre os amigos. Não foram os amigos que desferiram os golpes de estilete. Eles apenas fugiram, temerosos, diante de agressores mais preparados. Afinal, minha turma era de paz! Eles não tinham condições de enfrentar delinquentes armados, que vieram com o fito de eliminar um rival intrometido em seus domínios.

"E eu pensava estar apenas vendendo miudezas para ganhar algum dinheiro para as noites de fins de semana! Fui ingênuo, também. O que fiz de pior foi deixar meu pai fora daquela questão; ele teria um conselho certo, na medida exata. Agora já posso falar sobre o trauma; o futuro a Deus pertence".

***

André fez uma síntese das ocorrências, dentro de suas percepções limitadas. Por detrás do garoto expandia-se uma rede intrincada de contrabando e comercialização de drogas, coisa que ele só reconheceu do lado de cá. O seu agenciador, um traficante mais velho, buscava os produtos com um gerente residente num morro e os repassava a diversos menores, que não formulavam perguntas porque não tinham amadurecimento para questionar. Quando as pessoas se reuniam para adquirir os produtos inofensivos, entrava em ação um insuspeito repassador da droga, sem que nunca André tivesse percebido qualquer indício de anormalidade.

> – Ele foi um inocente útil – acrescentou Karina. – Se tivesse buscado o conselho do pai, talvez se livrasse da enrascada.

Quanto a falar com os pais, temos reiterado essa necessidade de comunicação entre os mais velhos, experientes, e os mais novos, desarmados diante de possíveis armadilhas da vida.

André está se refazendo e em breve estará trabalhando para adquirir a sabedoria que lhe faltou. Será um jovem a mais, somando esforços conosco.

Ainda resta a esperança! 141

Corremos atrás do repassador de drogas e o encontramos aliciando outros trabalhadores desprevenidos. Num momento de desemprego em massa, qualquer oferta de trabalho é bem-vinda aos adolescentes pobres. Não gostamos do que vimos e esperamos uma oportunidade para pregar uma peça no indivíduo irresponsável. Quando ele subia o morro para se reabastecer, transitando por vielas pouco iluminadas, nosso grupo resolveu assustar um bando de gatos que se agitavam em busca de uma fêmea, e o fizemos na hora em que Luizão dobrava cautelosamente uma esquina. Numa favela, todo o cuidado é pouco. Era perto da meia-noite e sabíamos de seu medo por assombração. Espantamos os gatos que saltaram todos ao mesmo tempo e, com miados estridentes, lançaram-se sobre o rapaz que não sabia se tremia ou se corria.

Quando o sangue voltou a circular pelas veias, ele correu feito doido, com a promessa íntima de não retornar em busca da famigerada droga. Para si mesmo inventava uma história de fantasmas que assombravam o lugar, espíritos talvez dos que morreram por overdose ou assassinados por mandantes. Ninguém conseguiu desfazer o nó que se formou na cabeça de Luizão e nós, da equipe dos jovens, não iríamos dar nenhuma força para que ele voltasse à ativa.

Sabíamos, de antemão, que o jovem delinquente não receberia nossas intuições, nem estava preparado para uma sessão de esclarecimento. O susto preparou o terreno e, de madrugada, estávamos chegando ao seu quarto para retirá-lo, em espírito, para excepcional excursão. Aproximamo-nos do leito e percebemos o espírito encolhido, ainda sob o efeito do trauma. Ótimo, pensei! Suas resistências foram anuladas. Estendi-lhe a mão, intimando com firmeza:

     – Venha comigo, Luizão, vamos dar umas voltas. Eu e meus amigos vamos mostrar-lhe algo muito interessante.

Sem condições mentais para reagir, ele se levantou, cambaleante. Amparado por nós, teve início uma sinistra excursão. Visitamos guetos e boates, locais de consumo violento da droga. Ele viu pessoas em cenas deprimentes de sexo e prostituição; outras prostradas em estado quase comatoso. Visitamos lares desestruturados, onde pais se desesperavam com a ausência dos filhos que sabiam estar consu-

142   *O Despertar de uma Nova Era*

mindo drogas; as mesmas drogas que ele repassava destruíam lares, vidas e esperanças! Foi uma cena muda, em que a imagem falava mais do que mil palavras.

***

Ao final da excursão prometemos voltar todas as noites para mostrar-lhe o resultado maléfico de suas transações, enquanto ele não mudasse de rumo. Seríamos as assombrações de sua vida, tentando levá-lo para um caminho certo.

Quando o conduzimos até o quarto, percebemos que o corpo físico transpirava por todos os poros, o que evidenciava a forte emoção repassada ao corpo de carne. Aplicamos um passe para tranquilizá-lo um pouco, porque afinal não era nossa intenção matá-lo de medo!

- Serviu a lição, Luiz Sérgio. Ele nunca mais se atreveu a subir o morro!
- É claro, Karina, que cumpriríamos o prometido caso ele se atrevesse. Em suma, atendíamos aos pedidos da própria mãe, dona Carlinda, que suplicava aos céus a regeneração de Luizão. Quanto trabalho os filhos estão dando aos pais, atualmente! Na minha juventude os problemas pareciam menores, pois os filhos sabiam considerar a sabedoria dos mais velhos. O tempo passou e lá se vão mais de trinta anos de desencarnação!
- É bem mais do que o tempo que você viveu encarnado, hein, velho companheiro?
- Velho, nunca, menina. Maduro e mais sábio, com certeza. Naquela época eu brincava muito, mas sabia encarar as coisas com seriedade também. Às vezes, as pessoas que me conheceram pessoalmente ou por meio das primeiras obras, perguntam onde está o garotão. Eu respondo que está aqui, guardado no meu arquivo mental, e posso ressuscitá-lo quando bem entender.
- É por isso que agora você alterna temas hilariantes com outros de extrema profundidade e beleza!

Ainda resta a esperança!   143

   – Extrema profundidade é bondade sua, Karina. Somos todos mais maduros: eu, você, Samita, o nosso Enoque, o Carlos... Seria impossível não ter crescido nossa bagagem espiritual após tantos anos de estudo e trabalho. Como também não caminhamos para trás, sou capaz de mesclar nosso livro com seriedade e brincadeira, para enriquecer o intelecto e desanuviar o psiquismo dos leitores.

Esclarecimentos feitos, voltemos à narração. Carlinda, a mãe do desnaturado traficante, como todas as boas mães, desvelava-se em preocupações e orações pelo rapaz. Não era tão criança como André, mas não alcançara ainda a maturidade. Nem alcançaria, pois grande parte da juventude delinquente desencarna antes dos trinta, segundo dados estatísticos. Correspondemos à suplica angustiada da mãe e nos julgamos no direito de pegar pesado, para atingir Luizão no terreno que ele considerava sagrado: a busca do dinheiro fácil e rápido.

Nem sempre os espíritos podem agir com suavidade porque não seriam compreendidos. Se fosse tudo muito fácil o mundo não estaria tão viciado, posto que todo encarnado tenha seu espírito protetor. Algumas almas teimosas só reagem a estímulos vigorosos, quais choques elétricos atuando nas fibras sutis do perispírito.

Luizão era desse tipo e tivemos de elaborar um plano meio terreno para fazer a abordagem. Por ter medo de espíritos, iríamos explorar esse ponto fraco. Nada de errado nisso. Alguns leitores se julgam no direito de criticar nossas estratégias, esquecidos de que os espíritos são homens fora do corpo, agindo da maneira necessária para se fazer entender, sempre com o propósito de auxiliar, nunca de causar prejuízo – refiro-me àqueles que lutam pelo bem, como é o nosso caso.

   – Tem sido assim ao longo da história da humanidade, Luiz. Em algumas situações só um tratamento de choque possibilitava a volta da lucidez. Lembremo-nos dos eletrochoques aplicados aos doentes mentais. Se não curavam definitivamente, pelo menos proporcionavam alívio temporário.

Essa ponderação veio do amigo Carlos, que se dedica ainda a tratamentos médicos na erraticidade, onde as técnicas são bem mais apuradas.

No campo do psiquismo desequilibrado raras vezes resolve uma simples conversa; um susto, uma doença, a morte de um parente surtem um efeito estupendo. A alma se libera e então podemos atuar com êxito.

Luizão abandonou os conhecidos do morro e procurou emprego. Como pouco se preparou para a vida, hoje é auxiliar de pedreiro numa grande construtora. Ganha pouco, mas dá para os seus gastos; buscando novas referências tornou-se pessoa alegre, agradável. Amigos e familiares notaram a mudança, mas não sabem o que se passou nos bastidores. Nem dona Carlinda, que agradece a Deus constantemente, sabe quão profundo era o buraco em que o filho estava caindo. Resumindo, valeu o susto.

***

Reforçando o conceito exposto de que a facilidade nem sempre favorece o posicionamento correto do homem e da mulher frente às responsabilidades, reproduzimos, com fidelidade, a mensagem de alguns companheiros.

"Conheço uma música que diz: 'estava à toa na vida'... Não era nascida quando ela foi lançada em um festival, se não me engano; gostava de cantá-la porque fazia parte de meu universo mental.

"Como eu gostava de vadiar! Passava horas na inatividade e quando era chamada à razão me enfurecia. Não queria nada com o trabalho nem com o estudo. Realmente, eu preferia ficar sentada e 'ver a banda passar'.

"Nada fiz de construtivo, até o dia em que conheci um rapaz da cidade grande, que me encantou à primeira vista. Não sabia de seus antecedentes e me joguei em seus braços. A sífilis me atingiu em cheio. Com vergonha de revelar aos meus pais a nova situação fugi de casa, e me tornei uma prostituta quando ele me abandonou. Fiz tratamentos que não resolveram o problema da saúde, pois voltava a me contaminar. Não eram chegados ao uso de preservativos os homens que me procuravam.

"Adoeci gravemente e desencarnei aos 19 anos. Hoje lamento o fato de minha mãe ter sido tão tolerante. Preferia que ela tivesse me arrancado daquela indolência inicial e me obrigado a fazer algo de útil por mim mesma. Quem sabe eu não teria sido mais feliz?"

Paula

***

"Hoje jogo o meu futebol – aqui na pátria dos espíritos. Quando jovem encarnado, não consegui levar avante meus propósitos de sucesso no esporte, porque o uso da droga, com seringa não descartável, atropelou os meus projetos. Que projetos? – pergunto eu. Quem deseja alguma coisa deve planejar e trabalhar em cima de objetivos reais. Eu apenas sonhava.

"Vocês pronunciam muito esta frase: 'é preciso correr atrás dos sonhos'. Verifico que há muitas fantasias chamadas de sonhos. A fantasia não se concretiza porque nasce do devaneio, e nela não se aplica a força da vontade. Muitas vezes eu me punha a sonhar e me via entrando no Morumbi, aplaudido por milhares de torcedores. Se não fiz nada para alcançar esse objetivo, se até às drogas eu cheguei, estou certo de que alimentei uma vã fantasia. Nem sonhar eu soube, companheiros!

"O verdadeiro sonho, na realidade, é desejo da alma e exige esforço para sua concretização. Como diziam meus pais, 'nada cai do céu'. A gente não ouve os mais velhos quando tem 15 anos; quero dizer que eu não ouvi, mas muitos colegas obedeceram. Eles foram mais felizes e ainda estão encarnados, enfrentando suas vidas.

"Eu morri muito cedo e da maneira mais inglória – cheirando crack, numa madrugada fria, numa rua escura da zona leste da capital paulista. Escolhi uma vida vazia e até hoje sinto a tristeza de uma existência perdida."

Leandro

***

146 *O Despertar de uma Nova Era*

"Ah, quanta saudade eu carrego, misturada ao arrependimento de não ter dado ouvido aos conselhos de meu pai. – Jorge – dizia ele –, leve a vida mais a sério, não se distraia com tantas bobagens que não levam a nada.

"Essas bobagens a que ele se referia eram os bares noturnos com seus jogos proibidos, mas que estavam lá, ao alcance de todos. Máquinas importadas que mexiam com a imaginação e desafiavam meu raciocínio.

"Queria vencer os monstros e os bandidos; dirigir o carro, sem bater, numa pista de corrida alucinante. Passava horas me distraindo, esquecido da vida e da escola. Pudera, o bar ficava bem perto, a duas quadras do colégio. Era fácil tapear o velho e gastar até o último tostão da mesada nos jogos infernais.

"Não haveria mal maior se essa brincadeira não viciasse. Fiquei de tal forma envolvido que fui reprovado duas vezes na sétima série. Meus pais eram muito bons e tiveram a paciência de me matricular novamente, na esperança de que eu me controlasse.

"Que nada! Fui teimoso até a noite em que, numa batida policial, saí correndo porque era menor de idade. Acho que fui confundido com algum marginal, porque os policiais não tiveram escrúpulos em atirar em um adolescente pelas costas.

"Meus pais quase morreram de desgosto – soube depois de muito tempo, quando já estava abrigado nesta Casa. Hoje venho para dizer: a vida fácil não nos conduz a nada!"

Jorge

***

"Também quero deixar meu depoimento. Hoje estou muito bem disposta, depois do exaustivo tratamento que recebi desta equipe espiritual. Quando aqui cheguei, melhor dizendo, quando aqui me trouxeram quase inconsciente, estava muito mal. O peito arfava com a respiração difícil e a cabeça rodava como um pião.

"O que estou descrevendo não é uma crise epiléptica, é o efeito arrasador da cocaína. Se não tivesse tanta facilidade na vida, se tivesse que levantar de madrugada para pegar no batente, talvez ainda

estivesse viva. Engraçado, muita gente se queixa da dificuldade e aqui estou eu me queixando da facilidade, do conforto, das roupas boas e da gorda mesada no fim do mês!

"É claro que ao descambar para a droga nenhum dinheiro mais bastava, pois a droga é cara, companheiros, para engordar os bolsos dos produtores e dos traficantes. Poucos gramas custam o olho da cara e se dissolvem em nosso organismo em fração de segundos. A euforia que provocam também é passageira, mas a depressão que vem depois é infernal.

"Meus pais ainda tentaram me salvar, oferecendo-me um tratamento em clínica especializada onde gastaram uma pequena fortuna. Foi um entra-e-sai danado daquele hospital. Hoje sei que no fundo eu não queria me desvencilhar da droga, que sempre exerceu um grande fascínio sobre mim. Será que na vida passada já fui dependente? Não sei e ninguém respondeu a essa pergunta. Se eu precisasse saber eles me diriam – estou certa disso.

"Agora, depois da overdose que me separou dos pais queridos, faço um tratamento de verdade. Quero e preciso ficar livre dessa praga que é a dependência. Não quero ficar por aí, no mundo físico, aspirando o pó junto com encarnados infelizes, para satisfazer minha ansiedade. Sei que vou conseguir, a exemplo de outros jovens que estão comigo. Obrigada."

Teresa

***

"Drogas, jogos eletrônicos, prostituição, fatores de desagregação familiar e de fracasso de vidas juvenis. Quando recolhemos essas almas atormentadas, que procuram no além-túmulo a satisfação desses vícios, sentimos o quanto é importante uma ação preventiva por parte de pais, educadores e administradores da sociedade; uma ação enérgica aplicada antes do arrastamento para o mal. Quando a dependência se instala, a situação de fato já se complicou e a luta terá de ser feroz. Acontece então que a vontade do ser humano já ficou prejudicada, assim como o raciocínio.

"Vocês já viram um viciado tentando expor o pensamento a respeito de alguma coisa? Observaram a sua voz pastosa, seu olhar embaçado e seu raciocínio confuso? Pois bem, eu fui assim na última encarnação, que felizmente ficou para trás. Não quero me lembrar do que sofri e do que fiz sofrer meus familiares.

"Eu não era um jovem ingênuo e despreparado. Era um advogado que prometia atingir o sucesso. Defendi causas importantes, infelizmente, de pessoas afeitas ao tráfico de entorpecentes. No princípio fiquei neutro ao que eles faziam. Depois fiquei curioso e desejei experimentar. Um dos suspeitos que retirei da cadeia ofereceu-me a primeira dose. Fui controlado, no princípio, interessado em fazer fortuna com o exercício da advocacia.

"Estava indo bem. Tinha trabalho e reconhecimento social. Quando não pude mais me controlar, tudo foi para o brejo: dinheiro, família, prestígio.

"Desci ao fundo do poço e antes que pudesse de lá sair fui morto por um marginal a quem fiquei devendo quantia irrisória. Eles matam por tão pouco! São tão alucinados quanto os dependentes e não admitem que lhes fiquem devendo nenhum centavo. É ponto de honra do tráfico!

"Jovens, cuidem-se e sejam felizes."

Oduvaldo

Oduvaldo é hoje um tarefeiro que se dedica ao socorro de ex-viciados, e se comove ao máximo quando recolhe nos braços esses irmãos dementados. A tarefa tem, para esses companheiros, o efeito de um tratamento de choque, porque vida mansa eles já tiveram no mundo físico, e de que lhes valeu a comodidade?

Se o excesso de dificuldades cria barreiras ao desenvolvimento do ser, o excesso de facilidades, para almas imperfeitas, também constitui fator de desestabilização emocional. O trabalho, como lei imposta por Deus, é a melhor terapia para a alma humana e o melhor instrumento para o progresso social. À medida que expande suas potencialidades, o ser constrói uma sociedade mais culta e mais civilizada. No patamar em que essa se encontra, o trabalho é bênção divina a iluminar as inteligências, propiciando aos seres terrenos a possibilidade de desenvolvimento tecnológico e científico, que não alcançariam sem muito empenho e esforço.

Kardec, o notável codificador dos ensinos dos Espíritos, ao mencionar o aperfeiçoamento da humanidade, identifica um progresso regular e lento ao lado de outro mais rápido, que Deus suscita de tempos em tempos, como um abalo físico ou moral que a transforma, com vista a apressar seu aprimoramento.

O orgulho e o egoísmo, enraizados ainda na alma humana, são os maiores entraves para o progresso bem dirigido, que não deverá privilegiar castas ou facções sociais, proporcionando a todos, igualitariamente, possibilidades de aquisição do necessário para construir uma vida com dignidade. A miséria será banida e o pão não faltará na mesa do trabalhador. Todos terão acesso a uma educação plena, enriquecedora do intelecto, da mente e do espírito. A saúde não será tão precária e os tratamentos estarão à disposição. Alojado em moradias higiênicas e confortáveis, o ser humano retornará ao lar, com prazer, depois de uma jornada produtiva de trabalho.

Essa é a meta prevista por Deus no ato da criação; uma meta que será atingida quando se instalar nesse plano uma era espiritual de extrema grandeza, fecunda de luzes, plena de inteligência e sabedoria!

Considerações

Amigo leitor. Quando afirmamos que uma nova era há de se instalar na Terra, estamos reafirmando colocações de Espíritos Superiores, ocupados com a direção geral do planeta. Não estamos inovando, pois não nos compete fazer revelações; assumimos, no entanto, compromisso de multiplicar o ensinamento universal da Espiritualidade Maior, que previu mudanças nas condições planetárias que possibilitarão a instalação de uma ordem social mais justa.

Nossas histórias foram escolhidas com este intuito: apaziguar os ânimos e realçar a esperança em dias melhores, mais felizes e construtivos, inspirando a confiança em Deus – nosso Pai e protetor –, que não deixa a humanidade à deriva, entregue a si mesma, em momentos dolorosos e contraditórios como esses em que se vive.

Realmente, uma nova era está aos poucos se instalando e quem tiver olhos para ver haverá de contemplar a luz divina se impondo, pouco a pouco, sobre o orbe terreno, iluminando as consciências.

Como sempre, nosso encontro é determinado pelo desejo de expandir os ensinamentos do mestre Jesus, a quem devemos toda a inspiração e a quem, humildemente, oferecemos esta singela homenagem. Que seu reino se expanda sobre a Terra inteira!

Agradecemos a colaboração espontânea de amigos espirituais que participaram de nossas narrativas sem nada exigir em troca, como é de praxe no mundo espiritual mais lúcido e consciente. Que Deus os abençoe!

Luiz Sérgio
10/10/2010

– Outras obras do autor –